D. Udo de Haes · Urbilder der Kleinkindseele

D. UDO DE HAES

Urbilder der Kleinkindseele

Vom Schwellenübertritt und Zweiweltensein
der frühen Kindheit

J. CH. MELLINGER VERLAG · STUTTGART

Der vorliegende Band erschien 1972 in holländischer Sprache unter dem Titel »Van peuter tot kleuter«, bei Uitgeverij Vrij Geestesleven, Zeist. Der deutschen Ausgabe liegt ein völlig umgearbeitetes und im Text gekürztes Manuskript zugrunde. Den Einband der deutschen Ausgabe gestaltete Johannes Walther, Grafiker, Stuttgart.

3. Auflage 1995
ISBN 3-88069-188-6
© 1980 J. Ch. Mellinger Verlag GmbH, Stuttgart
Druck: Schoder Druck GmbH & Co. KG, Gersthofen

Inhalt

Früheste Bildeindrücke	7
»Pforte« und »Schwellenverhältnisse« zwischen Kosmos und Erdenwelt	10
Übergangsmotive zum Erleben der Märchen	16
Wann beginnt das Märchen-Erzählen?	20
Der verborgene Schallboden in jeder Menschenseele	21
Gesunder Übergang zu den Märchen	22
Vom »kosmischen Materialismus« des Vor-Märchenkindes	26
Das kindliche Laut- und Worterleben	31
Ein Maßstab für die Märchenreife des Kindes	33
Wie kann das Vor-Märchenkind in den »Märchenkreis« der Familie hineinwachsen?	34
Was können wir mit dem Kinde vor dem Märchenalter tun?	36
Das Bilderbuch	40
Der Bild-Kommentar	42
Persönliche Erfahrungen mit dem Bilderbuch	45
Die Sprache als Scheidewand und Bindeglied zwischen Mensch und Welt	47
Vom Übergang zum Märchen	49
Spiel und Spielzeug der größeren Geschwister	50
Das offenbare Geheimnis der Mutter Erde	51

Früheste Bildeindrücke

Wenn wir erleben, wie das Kind vor dem Kindergartenalter, also das etwa zwei-, dreijährige Kind, sich zu den Dingen seiner Umwelt verhält, fällt uns das ganz Andere gegenüber allen anderen Altersstufen auf. Außer der geringeren Geschicklichkeit und der größeren Verträumtheit liegt da noch ein anderer Unterschied vor.

Nehmen wir als Beispiel das Verhältnis des Kindes zum Ball. Das größere Kind und der Erwachsene versuchen, jeder auf seine Weise, den Ball auf ein bestimmtes Ziel hin zu werfen, zu schlagen oder zu treten. Schulmädchen können Fangball miteinander oder gegen die Mauer spielen. Das etwa fünfjährige Kind sehen wir den Ball hochwerfen und versuchen, ihn wieder aufzufangen. Jede Altersstufe hat beim Spiel mit dem Ball etwas Bestimmtes mit ihm vor. Immer handelt es sich darum, was mit dem Ball getan werden soll. Beim ganz kleinen Kind sehen wir, wie es im Wesen des Balles selbst vollständig aufgeht. Es sieht seine kosmisch runde Gestalt, es läßt ihn rollen oder fallen und läuft ihm selber nach, es nimmt seine Farben wahr, und wenn der Ball aus Wolle oder Lappen ist, betastet es ihn, drückt ihn an sich und kann nicht aufhören, alles in sich aufzunehmen, was am Ball zu erleben ist. Dieses Kind spielt nicht *mit* dem Ball, es wird selber »Ball«. Dabei wird dasjenige, was schon von vornherein als »Ball« in seiner Seele schlummerte, freudig staunend wiedererkannt, oder mehr noch »wiedererlebt«. Es wird eins mit ihm.

Auf diese Weise wird vom anderthalb- bis dreijährigen Kind sehr vieles von den Gegenständen seiner Umwelt und von allem, was um es herum geschieht und getan wird, wie eine Art innere »Echo-Erfahrung« wahrgenommen und erlebt. Wenn wir sehen, wie das Kind restlos in diesen Dingen aufgehen kann, werden wir verstehen, welche große Bedeutung dieses innige Einswerden mit der Umwelt für das Kind hat.

Die stille Wirkung dieser Erlebnisse im Kinde bleibt uns meistens verborgen. Unser Erwachsenen-Bewußtsein hat die Verbindung mit dem, was sich in den Traumestiefen der Kinderseele abspielt, verloren. Dennoch können wir ein Gefühl dafür haben, wie die mitgebrachten inneren Seelenelemente und Seelenanlagen, die im angedeuteten traumhaften Sinne vom Kinde in seiner Umwelt wiedererkannt, wiedererlebt werden, hierbei ihre erste tastende Verbindung mit dem Erdendasein finden.

Diese kosmisch-seelischen Erlebnisse des kleinen Kindes beschränken sich keineswegs auf die Dinge, die auch den Erwachsenen noch intimer ansprechen können und wofür der Ball nur ein Beispiel ist. Auch die alltäglichsten Dinge der Umwelt raunen ihm ihre stille Bildersprache zu. Denken wir etwa an das so ganz gewöhnliche Möbel, das der Schrank für uns ist. Das kleine Kind sieht in seinem Traumbewußtsein den großen Kameraden, der viele wundervolle Sachen in sich birgt, als schweigenden Bewahrer von Geheimnissen. Demgegenüber erlebt es in der Schale, und etwas intimer in seinem eigenen Teller das vollkommen offene Aufnehmen und dann das selbstlose Wiederschenkenkönnen der wertvollsten Dinge. Wie sollte sich das Kind bei diesen stillen Erfahrungen nicht irgendwie erinnert fühlen an den ihm nächsten Schrank, an die offene Schale in ihm selbst: an die eigene Seele?

Im häuslichen Betrieb erfährt das Kind unter Umständen, wie die Mutter einen köstlich duftenden Teig in eine Form gießt, wobei es tief verborgen fühlt, wie sich auch seine eigenen inneren Kostbarkeiten, seine intimen seelischen Dinge in irdische Formen zu ergießen haben. Wenn dann der Teig im warmen Ofen steigt, werden wir nachfühlen können, wie sich dieses Wunder wieder im Innern des Kindes abspielt. Müssen nicht alle kosmischen Inhalte, die sich ins irdische Dasein »ergossen« haben, umhegt von der »seelischen Ofenwärme« seiner Erzieher, gleichfalls »aufgehen« und gedeihen?

So könnten wir fortfahren, uns die elementaren »Seelenworte« mit anzuhören, welche die Umwelt besonders in dieser anderthalb- bis dreijährigen Altersstufe zum Kinde spricht und die es in seinem Traumbewußtsein noch in ihrer volle Tiefe erlebt.

Erfreulicherweise interessieren sich immer mehr Menschen für den bedeutsamen Inhalt, welchen die alten Volksmärchen in ihren farbigen Bildern dem Kinde des Kindergartenalters entgegenbringen. Sehr wenige noch aber bemühen sich, mit dem Kinde *vor* diesem Alter hinzulauschen nach der noch ursprünglicheren Bildersprache, die von der Umwelt zu ihm gesprochen wird. Wenn wir aber diesem Kinde die ihm unentbehrliche gute Umgebung verschaffen wollen, werden wir lernen müssen, auch etwas von den stillen Geheimnissen, die ihm von ringsher anvertraut oder zugeraunt werden mit aufzunehmen und mit zu verstehen. Allmählich sollte sich dieser Prozeß nicht nur gedanklich, sondern auch aus dem Innern heraus vollziehen, wie es beim kleinen Kind noch in vollem Maße geschieht.

Wenn es uns gelingt, die frühesten Erfahrungen der Kinderseele mitzuerleben, wird auch deutlich werden, wie bedeutsam diese Sprache ist, die zum

Kinde gesprochen wird, bevor es unsere Sprache verstehen lernt. Dann kann bewußt werden, daß das Kind in diesem Alter nicht *nur* aus Unvermögen für den Inhalt unserer Reden unzugänglich ist. Es entstammt zugleich einem noch anwesenden inneren *Vermögen*, der Möglichkeit, hinzuhorchen auf die ursprünglichsten Einflüsterungen der Umwelt, die am Erwachsenen meist vorbeigehen. Diese tiefsten Offenbarungen, die das Kind erlebt, wollen sich nicht von deren Mitteilungen unterbrechen lassen, nicht von denen der Märchen, noch weniger von der Sprache unserer logischen Gedanken. Hier reichen sich Vermögen und Unvermögen des Kindes die Hand und helfen zusammen, damit sich seine Urerlebnisse ungestört vollziehen können. Erkennen wir ihre Wichtigkeit, so werden wir verstehen, daß auch andererseits die Offenheit des kleinen Kindes den seeelischen Geheimnissen der Umwelt gegenüber möglichst unberührt erhalten werden muß. Dann wird deutlich, daß der Wille, das Begreifen *unserer* Worte zu beschleunigen, unausweichlich auf Kosten jener dem Kinde unentbehrlichen ursprünglichsten Erlebnisse geht.

Bei alledem wird es vielen merkwürdig vorkommen, daß gerade die dem Erwachsenen unbedeutend erscheinende, alltägliche Umwelt dem kleinen Kinde tiefste Geheimnisse entgegenbringen kann. Aus den angeführten Beispielen ist jedoch zu entnehmen, daß gerade die gewöhnlichen Dinge den elementarsten Seelenmotiven (das Sichaufschließen-können für etwas, das Anbieten oder treu Bewahren einer Sache, usw.) entstammen und diese selber klar zum Ausdruck bringen. Weil diese seelischen Urelemente auch die Grundmotive der Kinderseele sind, werden ihr gerade von diesen elementaren Umweltdingen Urbilder eigenen Wesens entgegengebracht. Auch bei dem Erwachsenen ist das der Fall. Er achtet jedoch nicht mehr darauf. Das kleine Kind aber fühlt es und wird tief davon beeindruckt. Es bewahrheitet sich hier Goethes Wort, wonach Gleiches nur von Gleichem wahrgenommen und wiedererkannt (hier also wieder-*erlebt*) wird.

Fragen wir im Sinne des Goethe-Wortes: was würde der Ball dem kleinen Kinde sagen, wenn sein Wesen der Anlage nach nicht schon in seiner Seele vorhanden wäre? Wenn im Kinde nicht als Grundlage die Vollkommenheit und zugleich die lebensvollen Möglichkeiten des Kosmos schlummerten, was würde ihm der Ball innerlich vermitteln können? Es ist ein Wiederfinden des eigenen Selbstes, das hier stattfindet. Die Begegnung mit dem Ball wird zum ersten geheimnisvollen Wiedersehen. Trüge die Kinderseele nicht stille Geheimnisse in sich, wie könnte ein Schrank mehr als äußere Neugierde erwecken? Auch der Schrank, das nüchtern-sachliche Gebrauchsobjekt, wird vom

kleinen Kinde und ... ein wenig wohl noch vom Erwachsenen, in seinem Bildcharakter wieder-erlebt und gefühlt als ein Abbild der eigenen, Geheimnisse bewahrenden Seele. Sprechen wir nicht von »des Herzens Schrein«?
Wie ist es nun mit der Schale?
Wenn der Mensch ehemals den Göttern ein Opfer brachte, tat er es nicht nur, um sie günstig zu stimmen. Es war ein tief inneres Bestreben, die eigene Seele der hohen göttlichen Welt möglichst weit aufzuschließen. Das auf einer Schale dargebrachte Opfer verstärkte die Offenheit der sich vollkommen aufschließenden Seele.

Das kleine Kind, obwohl einerseits viel offener, viel mehr einer empfangenden Schale gleich als der Erwachsene, ist noch nicht in der Lage, ein Opfer zu bringen. Es schenkt unbewußt aus sich heraus. Aber man ahnt wie durch dasjenige, was die Schale und im intimeren Sinne auch sein kleiner Teller für das Kind bedeuten, neben dem Vermögen des offenen Empfangens auch die noch tief schlummernde Möglichkeit des selbstlosen Schenkens ganz leise in ihm berührt werden.

Man kann sagen: Die in der Kinder-Seele keimenden und schlummernden Inhalte und Möglichkeiten finden, wenn sie in den Dingen und Vorgängen seiner Umwelt traumhaft vom Kinde wieder-erlebt werden, ihren ersten leisen, sehr tiefen Zugang zum Erdendasein.

»Pforte« und »Schwellenverhältnisse« zwischen Kosmos und Erdenwelt

Zu den besprochenen »Objekten des Wieder-erlebens« soll *ein* Beispiel hinzugefügt werden, das bei allen schon genannten und allen weiterhin noch zu erwähnenden Fällen eine Rolle spielt. Das ist die *Pforte*. Handelt es sich nicht immer wieder um das Verhältnis zwischen Erdenwelt und kosmischer Heimat der Seele? Bewegt sich nicht die Seele des Kindes, vor allem in dem hier zu besprechenden Alter, von der einen zu der anderen Welt?

Dieser zu durchschreitenden kosmischen »Pforte« begegnet das Kind im irdischen Abbild in jeder Türe oder Pforte, die es von einem zum anderen Raum oder von innen nach außen führt. Umgekehrt erinnert jeder irdische Durchgang es in seinem Traumbewußtsein an die kosmische Seelenpforte, die es in dieser Lebensphase immer wieder, wechselseitig, zu durchschreiten hat und zu durchschreiten imstande ist.

Im Unterbewußtsein leben auch beim Erwachsenen noch manche Erinnerungen an die »Himmelspforte«. Es ergeben sich jedoch zwischen ihm und dem Kinde zwei wesentliche Unterschiede. Liegt beim Kind der Schwerpunkt auf dem traumhaft *absteigenden* Durchschreiten der Pforte, so hat sich der zum Erdenbürger gewordene Erwachsene zu bemühen, sie in *aufsteigendem* Sinne zu durchschreiten. Dazu kommt, daß es für den Geistsucher nicht leicht ist, die Pforte zu öffnen. Dem Kind aber steht sie nach beiden Richtungen hin weit offen.

Die *gleichzeitige* Offenheit für Kosmos und Erdenwelt zeigt sich im ausgesprochensten Sinne im Alter von anderthalb bis drei Jahren. Der Säugling und das etwa einjährige Kind sind noch so stark kosmisch geartet, daß sie gleichsam an der Schwelle stehen. Spiele und Sehnsüchte des Kindergartenkindes richten sich schon deutlich auf das künftige Leben. Da haben wir den Buben, der den Chauffeur, den Verkehrsschutzmann oder den Briefträger spielt. – Da sehen wir das Mädchen, das ganz hingebungsvoll als »Mutter« ihr Puppenkind versorgt. Da zeigt sich das Kind, das sich manchmal noch lebhaft durch die immer offene Pforte in seine Seelenheimat zurückträumen kann, aber den Hauptteil seines Schwellenüberganges schon hinter sich hat und sich sehnt nach allem Kommenden in dieser neuen Welt. – Zwischen diesen beiden Altersstufen erleben wir das Kind, das sich zwar mit voller Hingabe der Erdenwelt zuwendet, hierbei jedoch noch völlig *im Augenblick* aufgeht, in den irdischen Dingen nur ihren *kosmischen Urgrund* wiedererlebt und sich ihnen in diesem Sinne hingibt.

Wonach sich dieses Kind sehnt, ist nicht die Zukunft des Lebens, sondern das Erdenleben als solches, dem sich seine Seele zuwendet und dessen gute Dinge es als Ausdruck der eigenen Seelengründe erlebt. Die auf diese Weise zugleich nach außen und nach innen, nach vorwärts und nach rückwärts träumende Seele befindet sich im Überschreiten der Schwelle, also *in* der Pforte zwischen Himmel und Erde. Die Tatsache des In-der-Pforte-Stehens läßt alles Gesagte und noch zu Sagende begreiflich erscheinen.

Warum kann das auf der Schwelle zwischen Kosmos und Erde lebende Kind, das so stark seine seelische Verwandtschaft mit den Dingen der Erdenwelt erlebt, sich dennoch so sehr über alles Wahrgenommene wundern?

Die Antwort wird sich bei manchem Leser wie von selber ergeben. Das Wundern des Kindes ist kein Ver-wundern über ein Fremdes, sondern das Erlebnis, in der so völlig neuen Welt überall vertraute innere Seelenfundamente wieder zu finden. Das ist das Wunder, in dem das Kind des »Schwellenübergangs« fast ununterbrochen lebt. Davon zeugen seine großen, stillen Augen. Es ist die traumhaft-tiefe Wunder-Erfahrung der Begegnung des eigenen kosmischen Selbstes mit seinen sinnenfälligen Formen in der Erdenwelt.

Die Beschaffenheit der häuslichen Sphäre wird heute mehr und mehr von modernen technischen Verhältnissen beherrscht. Dabei spielen Rundfunk und Fernsehen eine hervorragende Rolle. Es ist hier nicht der Ort, auf Einzelheiten dieses Themas einzugehen. Man kann jedoch nachempfinden, wie es wirken muß, wenn die eigenen intimen Erlebnisse des Kindes durch die aufgedrängten, alles übertönenden technischen Einflüsse immer durchkreuzt werden.

Die Gefahr der Umwelt-Technisierung und das dadurch bewirkte Ausschalten alles desjenigen, was dem Kind den gesunden Eintritt in das Erdendasein ermöglicht, ist heute so groß, daß praktische Winke allein nicht genügen. Wir sollten uns vielmehr bemühen, bewußt zum inneren Wesen des Kindes Zugang zu finden. Erst wenn wir uns vor demjenigen aufschließen, was im kleinen Kinde lebt, wenn wir die Keime in seiner Seele zu entdecken vermögen, die im neuen Dasein zur Entfaltung kommen wollen, werden wir es von *innen* heraus und auf eine sinnentsprechende Weise vor den drohenden Gefahren behüten und richtig durch sie hindurchlenken können.

Die Welt der Technik hat keine kosmischen Quellen. Sie vermag die kosmischen Seeleninhalte des Kleinkindes nicht anzusprechen. Sie richtet sich ganz auf das Bewußtsein des Erwachsenen. Für das kleine Kind ist sie in hohem Maße irreführend. Sie läßt es auf veräußerlichte Weise und viel zu schnell für die irdischen Verhältnisse erwachen. Wo der Prozeß in Voreiligkeit und Grobheit die stillen, gesunden »Einlebe-Vorgänge« der Kinderseele überwältigt und stört, wird sich vieles von den das Erdendasein suchenden Seelenkeimen nur in verkrüppelter Weise ins Leben hineinfinden, wo es nicht gar völlig verloren geht.

Man hat bei Rundfunk und Fernsehen ja besondere Programme für das Kleinkind. Abgesehen von der Frage, was es für das Kind bedeutet, wenn man Mutter oder Großmutter durch den Apparat ersetzen will, ist zu bedenken, daß alles, was »Erzählung« ist, erst im Kindergartenalter am Platze ist. Für das jüngere Kind ist nicht nur die mechanisierte Sphäre, sondern auch das vorzeitige Erwecken des Bewußtseins für Erzählzusammenhänge schädlich.

Soweit wir uns das Vermögen, mit den inneren Erfahrungen des kleinen Kindes mitzuleben, erworben haben, können wir wissen, daß es möglichst von allen technischen Einflüssen ferngehalten werden muß. Am besten umgeben wir das kleine Kind nur mit den ganz elementaren häuslichen Dingen.

Unser Mitfühlen mit den guten Erlebnissen des Kindes kann, wenn auch zuerst noch im Verborgenen, schon an sich seine heilsamen Wirkungen haben. Dabei wird es uns auch die besten Möglichkeiten für eine dem Kinde günstige Umwelt finden lassen.

Endlich werden diese Erlebnisse des Kindes, sofern sie richtig als »Schwellen-Erfahrungen«, das heißt als »Wiedererkennungs-Erlebnisse« zwischen Kosmos und Erdenwelt miterlebt werden können, auch uns Bedeutsames bringen. Da wird die Genesis, der zufolge alles in der Welt aus dem Geiste stammt und die sonst kaum anders als äußerlich gedanklich zu verstehen wäre, aus den kindlichen Erlebnissen heraus zu einer immer stärkeren inneren Wirklichkeit. Wird diese Urkunde für das zum Erwachsenen gereifte Kind nicht eine um so größere Bedeutung haben, wenn es sie in seiner frühen Jugend träumend in höchster Geistesnähe zu erleben in der Lage war?

Es sollen noch einige weitere Aspekte unseres Miterlebens mit den Schwellenerfahrungen des Kindes *vor* seinem Märchenalter betrachtet werden.

In den Büchern »Der singend spielende Kindergarten« und »Kinderwelt – Märchenwelt«* ergab sich die merkwürdige Ähnlichkeit des Zweiwelten-Lebens der Kleinkinderseele mit der Natur der Amphibie. Hat diese doch auch ihre zweifache Behausung. Sie lebt auf dem Lande *und* in der Welt ihres Ursprungs, dem Wasser. Am stärksten aber tritt diese Amphibiennatur, die innere Beidlebigkeit des Kleinkindes bei den Anderthalb- bis Dreijährigen auf. Im Schwellenübertritt vom Kosmos zur Erdenwelt lebt das Kind in beiden Welten zugleich. In diesem Alter spielt wieder recht amphibien-artig! – das Wasser eine ganz besondere Rolle. Was läßt sich für das Kleinkind nicht alles im Wasser erleben, wieder-erleben?! Kann die Seele nicht selber fließen und strömen, wallen und wogen, glänzen und spiegeln, sprühen und spritzen, und... still sinnend dahinträumen wie das Wasser? Kann sie endlich nicht auch zum Himmel emporsteigen und wieder zur Erde zurücksinken, die großen Bewegungen vollziehen, die wir in der Welt den Dampf, Regen und Schnee vollbringen sehen? So könnten wir, in Anlehnung an Goethes Worte die Empfindung haben: »Seele des Menschen, wie gleichst du dem Wasser«. Das ist das Mysterium, welches das Kleinkind dem Wasser gegenüber immer wieder er-

---

* beide Schriften von Udo de Haes, erschienen im J. Ch. Mellinger Verlag, Stuttgart.

lebt. Traumhaft fühlt es: Wie hier das Welten-seelische auf Erden walten kann, so wird auch meine Seele gedeihen können.

Es ist ein Glück, daß es immer mehr Mütter gibt, die das freie Spiel, das freie »Einswerden« des Kleinkindes mit dem Wasserelement als heilsam, ja unentbehrlich für die gesunde Entfaltung seines Seelenlebens sehen können. Es erübrigen sich dann von selber die Verweise wie: »Nun sieh doch an, wie du dich wieder naß gemacht hast, unartiges Kind!«, welche die Freude und die tiefere Wirkung des am Wasser Erlebten zunichte machen. Es ist zu begrüßen, wenn Mütter das freie Planschenkönnen des Kindes im Wasser, oder das Panschen im Schlamm einer Regenpfütze des Gartens durch bestimmte Maßnahmen (zweckmäßige Kleidung, usw.) unterstützen.

Man kann dem Kinde ab und zu auch eine Wanne mit Wasser auf einer wasserdichten Unterlage vorsetzen, so daß es sich auch im Zimmer nach Herzenslust im nassen Element ergehen kann. Wenn auch das Wasser im Zimmer nicht völlig dasselbe ist wie das Wasser draußen in der Natur, so wird man doch auch hier beim Kinde die heilsame Wirkung des Aufgehens in dem seelischen Element der Erde wahrnehmen können. In dem Maße, wie man als Erwachsener die eigene Seele vor diesen kindlichen Erlebnissen aufschließen kann, wird man auch die praktischen Vorrichtungen, die zu ihrer Verwirklichung notwendig sind, als Teil der Erziehung sehen können.

Ein anderes, auch aus der Natur stammendes und auf seine Weise wohltuendes Element ist der Sand. Diese wie der Schlamm halbfeste, halb flüssige Substanz, die sich so schön gießen und durchwühlen läßt und dabei noch etwas von der Klarheit des Wassers hat, kann uns und alle Dinge dennoch sicher tragen. Man sitzt auf ihr und kann sie zugleich fließen und sogar wogen lassen! Man begreift, welche bedeutende Rolle auch dieses Element für das Kind, das die Schwelle zwischen Kosmos und Erdenwelt überschreitet, erfüllen kann. Freuen wir uns auch hier über das zunehmende Verständnis der Erwachsenen. In vielen Anlagen und auf vielen Schulhöfen findet man heute Sandkästen für die Jugend! Oft wird von einem Vater im Garten eine Ecke mit Sand für die Kleinen eingerichtet. In vielen Fällen geschieht dies heute auch im Wohn- oder Spielzimmer. Wie schön kann sich da jedes Kleinkind auf seine Weise mit der herrlich lichten und fließenden, zugleich irdisch stützenden Materie des Sandes beschäftigen, die der Seele einen guten Weg aus dem leuchtenden, beweglichen Kosmos zur festen Erdenwelt weist.

Neben diesen wirksamen Wegweisungen durch die Substanzen der Natur, lassen die vom Menschen hergestellten Dinge das Kind im besonderen fühlen, wie der Weg von der ganzen Menschheit gesucht und gefunden wurde. Zeigen nicht die Rundung des Balles, die Offenheit der Schale, das Bewahrenkönnen des Schrankes und vieles mehr, wie die Menschenseele die eigenen Anlagen auf der Erde zum Ausdruck bringen konnte? Wie stille Vorbilder und Ermutigungen ergeben sich die elementaren Schöpfungen von Menschenhand dem kleinen Kinde auf seinem Wege. Wir erkennen die Aufgabe der Erwachsenen, darauf zu achten, daß die von Menschen gefertigten Dinge künstlerisch gestaltet und *wahr* in Form und Farbe sind, damit sie *elementar* zum Kinde sprechen.

Aus dem bisher Gesagten geht hervor, daß das Kind des »Schwellenalters« noch kaum »Spielzeug« im eigentlichen Sinne braucht. In manchen Fällen, wenn ein Spielzeug nicht günstig gewählt ist, kann das Kind dadurch innerlich aus der Fassung gebracht werden. Es handelt sich hier noch nicht um ein eigentliches Spielen, sondern um das Wieder-erleben kosmischer Motive in den elementaren Objekten der Umwelt, um das innere Einswerden mit ihnen. Jetzt sind es noch die gewöhnlichen Umweltdinge, die dem Kinde die wichtigsten und notwendigsten Erlebnisse ermöglichen. Allerdings kann unter diesen Dingen auch ein einfaches Stück Spielzeug sein, das günstig wirkt: etwa ein Wägelchen, ein Ball, ein Häuschen, eine Wollpuppe. Es sollte nur wirklich *Elementares* daran zu erleben sein: das Menschenbild, das Motiv »Wohnung«, das Rollenkönnen usw. Das Kind wird seine inneren Wiedererkennungs-erlebnisse daran haben können. Wenn es ein solches Spielzeug von der Mutter geschenkt bekommt, wird es darüber hinaus seine eigene Wirkung haben.

Die häusliche Umgebung des Kindes birgt noch manche einfachen Dinge. Da ist das Kissen, das den Menschen auf dieser harten Erde so liebevoll tragen will, eine Decke, die ihn mit Wärme umhüllt, ein Napf, ein Krüglein, ein Löffel; alles Dinge, die nicht nur die betreffenden menschlichen Seelenmotive wiedererkennen lassen, sondern mit denen das Kind diese Motive (Wasser oder Sand) *selber* verwirklichen kann.

Es mag dem Leser überlassen bleiben, noch weitere Beispiele menschlich geschaffener Dinge (Tisch, Stuhl, Hammer, Gabel, Vase, Buch...) ahnend mit den Augen des »Schwellenkindes« zu sehen. Stets wird er dabei erfahren und fühlen, wie bei jedem Ding die praktischen Motive, die es entstehen ließen, ihre kosmisch-moralischen Wurzeln haben. Man vergleiche dazu den Stuhl mit dem Thron, den Tisch mit dem Altar. Die kosmischen Wurzeln sind es, die vom Kinde dieses Alters beim Wahrnehmen und vor allem, wenn es sieht, wie die Dinge benutzt werden oder wenn es selbst mit ihnen umgeht, auf *seine* Weise aufs lebhafteste gefühlt werden.

Wir fragen uns, wie sich das Wahrgenommene und Erlebte im Kinde weiter entwickelt. Nehmen wir als Beispiel noch einmal den Schrank. Wir sehen, wie die Seele des Kindes zunächst, vor allem in der Präpubertät und Pubertät im irdischen Sinne selber zu einer Art Schrank wird, zu einer Truhe, in welcher alles Erfahrene gesammelt und aufbewahrt wird. Real kann dies darin zum Ausdruck kommen, daß sich das Kind dieses Alters einen kleinen Schrank wünscht, in dem es seine Kostbarkeiten und Geheimnisse sammeln und aufheben kann. Als Erwachsener, vielleicht als Greis kann es seine Seele auf mehr sublimierte Weise zum »Schrein« werden lassen.

So können sich die kosmischen Seelenmotive und Seeleninhalte im Leben zeitweise in irdischem Gewande verstecken, manchmal auch völlig verbergen. Wurde der Seele im Kleinkindalter Zeit und Gelegenheit zu ihren frühen Erlebnissen gegönnt, so wird ihr tieferes kosmisches Wesen in rechter Weise ins Erdendasein eingetaucht sein. Was sich – vorläufig im Verborgenen – daraus entwickelt, wird auch in dieser Verborgenheit von seinem kosmischen Ursprung durchdrungen bleiben. Im Erwachsensein werden die verborgenen Seeleninhalte zu neuem Aufblühen und zu kosmischem Bewußtsein sich entfalten und ihre Rolle im Leben spielen.

Übergangsmotive zum Erleben der Märchen

Den großen, langsamen Schritt von den wundervollen Umwelterlebnissen des Kindes zum Aufgehen in den Märchenbildern werden wir ebenfalls mit richtiger innerer Teilnahme zu begleiten haben, damit dieser Prozeß im günstigen Sinne und vor allem nicht zu schnell geschieht. Der Vorgang braucht die nötige Zeit und Ruhe, um sich gesund vollziehen zu können.

Es ergibt sich aber bei diesem neuen Schritt des Kindes etwas Merkwürdiges, das beachtet werden muß. Das Kind, das die Seelenschwelle des gerade vergangenen Alters überschritten hat und sich auf das kommende Leben vorzubereiten beginnt, findet sich in den Märchenwundern aufs neue zwischen Kosmos und Erdenwelt. Es wird hier, wenn auch auf ganz andere Weise (siehe »Kinderwelt-Märchenwelt«) von neuem zum »Zweiweltenkind«, zur »Amphibienseele«. Es führt im Märchen ein neues »Schwellendasein«. Wir werden, wo die

Märchenwelt in Betracht kommt, diese Ausdrücke nicht länger nur für das jüngere Kind beibehalten können. Wie können wir die beiden Altersstufen unterscheiden?

Da das Kind erst nach der ersten Schwellenphase richtig zum Spielen kommt und bis zu diesem Übergang eigentlich fortwährend im Staunen über die innere Verwandtschaft mit der Umwelt lebt, könnten wir die beiden Altersstufen auch als »Staunphase« und »Spielalter« unterscheiden und entsprechend vom »Staunkind« und »Spielkind« sprechen. Das Staunen tritt, indem es der Umwelt gegenüber allmählich zurücktritt, im Märchenland aber von neuem hervor, so daß auch diese Unterscheidung nicht allgemein zutreffend ist.

Nun könnten wir, da beide Phasen ihre Schwellenerlebnisse und ihr Staunen haben, einfach vom »Umweltkind« und vom »Märchenkind« sprechen. Dabei ist jedoch zu bedenken, daß Umwelt zugleich die kosmische Umwelt mit einbezieht. Das »Umweltkind« ist das Kind, in dessen Seele sich die irdische Umwelt als Ausdruck der kosmischen erweist. Es ist das Kind, das immerwährend das Wunder der Einheit beider Welten erlebt. Die Benennung »Märchenkind« für die nächste Altersstufe könnte leicht im Sinne von »märchenhaftem Kind« oder »Kind aus einem Märchen« aufgefaßt werden.

Es soll deshalb, wenn dadurch auch weniger genau charakterisierend, einerseits vom »Vor-Märchenkind« bzw. »Vor-Märchenalter« und in Beziehung zur nächsten Altersstufe vom »Kind des Märchenalters« gesprochen werden.

Wir werden jedoch, da das Schwellenverhältnis zwischen Kosmos und Erdenwelt maßgebender für die jüngere der beiden Altersstufen ist, den Begriff der »Schwelle« für das kleinere Kind beibehalten. Nur wo die Märchen mit ins Spiel kommen, soll zeitweise die andere Unterscheidung der frühen Jugendphasen mit verwendet werden.

In der holländischen Sprache gibt es, aus Koseworten hervorgegangen, die Ausdrücke »peuter« und »kleuter« (sprich: pöter und klöter). Sie sind nicht charakterdeutend, ermöglichen jedoch eine Unterscheidung der beiden Altersstufen. Im Deutschen gibt es entsprechende Ausdrücke nicht.

Aus den vorangehenden Ausführungen ergibt sich jedoch, daß die Charakterisierung der betreffenden Altersstufen lebhaft nuanciert und veränderlich ist. Man sollte sich deshalb nicht auf bestimmte (charakterdeutende) Benennungen festlegen.

Wichtig ist, sich darüber klar zu werden, warum wir den Übergang des Kindes von seinen traumhaften Umwelterlebnissen zum Aufgehen in den Märchenbildern niemals von uns aus beschleunigen oder stimulieren dürfen.

Manche Dinge, die sowohl in der Umwelt als auch im Märchen eine Rolle spielen, können hier Wegweiser sein.

Es ist sicher nicht zufällig, daß auch hier wieder das Wasser Beispiel sein kann. Neben dem häuslichen Leben des Kindes vertritt es auch im Märchen als Quelle, Bach oder Meer Wesenhaftes.

Als ein zweites in der Umgegend und im Märchen häufig auftretendes Motiv wollen wir das »Haus« oder die »Wohnung« betrachten. Wir wissen, wie innig das Kind in diesem Motiv lebt. Wenn wir sehen, wie es sich in das Bild eines Häuschens vertiefen kann, wie es aufgehen kann im »Erbauen« einer Wohnung aus Stühlen, Kissen und Decken, so können wir nacherleben, wie dieses Wohnungsmotiv etwas Ureigenes seiner Seele sein muß. Wir fühlen, daß es ihm bei seinen Wahrnehmungen nicht als etwas Neues entgegenkommt. Wenn man bedenkt, wie die Seele jedesmal, wenn sie vom Kosmos einem neuen Erdendasein entgegenlebt, den Körper als »Wohnung« oder »Behausung« sucht und selber mit aufbaut, wird die tiefe Verbundenheit mit dem Hausmotiv verständlich. Man fühlt mit, welche lebhaften Empfindungen das Kind besonders in seiner Schwellenphase bei jedem Hauseindruck hat, wenn man die Hingabe, mit welcher das Spielkind sein Häuschen zeichnet, beobachtet. Tiefste Inhalte der Seele sprechen sich da aus und spielen hier, wie beim Wasserelement, ihre Rolle.

Schließlich denken wir uns als dritten Gegenstand, der den großen, hier gemeinten Übergang des Kindes miterleben lassen kann, das Wesen und die Erscheinung des Menschen selber.

Wie erlebt das Kind des Schwellenalters das Wesen des Menschen? Wie lebt das Menschenwesen in ihm? – Die Frage scheint abstrakt, weil der Erwachsene sich die Erscheinung des Menschen vor allem gedanklich vorstellt, wobei sein inneres, kosmisches Wesen kaum noch wahrhaft lebendig erfaßt wird. In der frühen Jugend ist es umgekehrt. Das kleine Kind macht sich noch keine Gedanken über den Menschen. Das Menschenwesen lebt noch in ihm als Grundlage für seine ganze Entwicklung.

Jede Menschenseele, die aus ihrer kosmischen Heimat ins irdische Dasein absteigt, ist erfüllt von der göttlichen Idee »Mensch«. Sie lebt im Erdendasein in der Seele weiter. Das kleine Kind, das seinem kosmischen Ursprung noch so nahe ist, erlebt dieses Bild traumhaft, jedoch elementarer und lebhafter als der Erwachsene.

Die reale Anwesenheit des »Menschen-Urbilds« in der frühen Jugend findet ihren Ausdruck in der innigen Verbindung, die das Kind zu seiner Puppe hat, besonders wenn sie ganz elementar die Menschengestalt zur Erscheinung bringt. Wir werden beobachten können, wie das »Schwellenkind« restlos in der einfachen Menschengestalt aufgeht, während das »Spielkind« sie liebevoll als seinen »Sprößling« versorgt. In beiden Fällen findet das in der Seele des Kindes anwesende Wahrbild des Menschenwesens seine entsprechende Verwirklichung in den kindlichen Empfindungen und Handlungen, die jeweils den richtigen Schritt in seiner Entwicklung bedeuten.

Ich war einmal dabei, wie ein kleines Mädchen von zwei Jahren seine erste Puppe geschenkt bekam, die aus weicher Wolle hergestellt und sehr einfach geformt war. Das Kind strahlte, breitete die Ärmchen aus und drückte die primitive kleine Menschengestalt ganz inniglich ans Herz. Es war, als begegnete es einem alt vertrauten, geliebten Bekannten. Auch weiterhin war der Umgang mit dem neu gefundenen Alt-Bekannten ein Aufgehen in seiner menschlichen Erscheinung. Erst allmählich fand der Übergang zum eigentlichen Spielen statt, wobei sich das Kind, das Vorbild der Mutter nachahmend, mehr der »Versorgung« der Puppe hingab. Man fühlte aber aus der Innigkeit, womit jetzt auch die Pflegehandlungen vollzogen wurden, daß auch deren tiefere Anfänge als Keime von der Seele mitgebracht worden waren.

Nun kann sich die vom Kinde gespielte Versorgung geradeso zu einem Bären, einem Kätzchen oder einem Kaninchen hinwenden (aber keine lebendigen). Auch das hat seine Bedeutung. Die Pflege der Mitgeschöpfe in der Welt ist als innere Sehnsucht und Veranlagung in der Seele des Kindes vorhanden und kann dort eine erste Entfaltung finden. Darüber hinaus stellen die Tiere auf seelischem Gebiet, ein jedes nach seiner Natur und auf seine Weise, gewisse »Bestandteile« des Menschenwesens dar. Sonst würde sich das Kind kaum so stark zu diesen Tierdarstellungen hingezogen fühlen! Das Menschenwesen schließt in sich die Tierwelt ein. Es hat sie im Innern zur harmonischen Einheit zu überhöhen. Dazu ist das kleine Kind noch nicht fähig. Auf seine Entwicklung wird die das Menschenbild darstellende Puppe harmonischer wirken als die Tierdarstellung. Man wird also der Puppe vor der Tiergestalt den Vorzug geben.

Durch die Wirkung der elementar gestalteten Puppe und den von ihr ausgehenden guten Einfluß wird die Entwicklung des Kindes nie beschleunigt werden. Eher wird das Gegenteil der Fall sein. Die hierbei angeregte Vertiefung der ersten Entwicklungsschritte sollte im Sinne echter Menschwerdung ruhig eine größere Zeitspanne in Anspruch nehmen.

Wir können wahrnehmen, wie in der frühen Jugend die innere Verbundenheit mit dem Wesen des Menschen auch beim Zeichnen und Malen des Kindes zum Ausdruck kommt. Wir werden in der Vielfältigkeit, mit welcher die Andeutungen der Menschengestalt hier auftreten, etwas von der fundamentalen Bedeutung dieses Bausteines der Kinderseele miterleben können. Schon am Ende der Schwellenphase und im ganzen Spielalter sehen wir, wie das Kind auf seine primitive Weise die Erscheinung des Menschen darzustellen versucht. Dieses »Kritzeln« von Menschengestalten geschieht nicht als Spielerei oder Zeitvertreib, sondern mit voller Hingabe, die sich aus dem Drang ergibt, das in der Seele lebendig wirksame »Mensch-Prinzip« zum Ausdruck zu bringen. Zugleich fühlen wir, wie hier der Drang, das Menschenbild selber und aus sich heraus zur Erscheinung zu bringen, den Zugang des Kindes zu dieser Welt gesundend und vertiefend beeinflußt.

Schließlich wird das aktive innere Erleben des Menschenwesens, das sich im Verborgenen durch das Leben hindurch fortsetzt, in Verbindung mit dem gesunden, objektiven Erleben des eigenen Selbstes, auch den Grund für die Schätzung des Mitmenschen legen.

Wann beginnt das Märchen-Erzählen?

Aus den frühkindlichen Erlebnissen haben sich auf dem Wege zum Märchen zwei Dinge von großer Bedeutung ergeben: Von wem sollten die frühesten Mitteilungen an das Kind herangebracht werden; und wann können wir beginnen, dem Kind mit eigenen Worten zu erzählen, ihm längere Bild- und Gedankenzusammenhänge entgegenzubringen?

Wir haben gesehen, daß nicht die Mutter oder Großmutter und auch nicht die »Kindergarten-Mutter« dem Kinde die ersten Erzählungen zuraunt, sondern niemand anderes als die Umwelt, die Erdenwelt, unsere »Mutter-Erde« selbst. Diese größte aller Mütter erzählt in allem, womit sie uns umgibt, von dem Ursprung allen Seins aus dem Kosmos. Von der träumenden Kinderseele können die stillen Erzählungen der Mutter Erde noch am wahrsten vernommen werden.

Das kleine Kind hat für alles, was die Erde ihm erzählt und zuraunt, mittö-

Siehe hierzu auch: Christhilde Blume »Kleinkinderzeichnungen – Spiegel der Entwicklung«, Mellinger Verlag Stuttgart.

nende Saiten, einen Schallboden in der Seele, der aus dem Vorgeburtlichen stammt. Jede stille Verwunderung, jedes innere Getroffensein des Kindes ist das tiefe Mittönen dieser kosmischen Seelensaiten mit den geistgeborenen Erdendingen.

Im traumhaften Mitklingen fühlt das Kind das Zusammenfließen seiner aus dem Kosmos mitgebrachten Seeleninhalte mit dem, was ihm die Sinneswelt entgegenbringt. Es erlebt das »Einswerden von Himmel und Erde«. Darin wird der Seele die Möglichkeit, sich gesund ins Erdendasein einzugliedern.

Es ist einzusehen, daß wir die Mutter Erde in dieser Zeit in ihren großen und kleinen Bilderzählungen mit unseren eigenen Erklärungen und Geschichten nicht »unterbrechen« sollten. Auch Märchen sind jetzt noch zu früh. Wenn auch die alten Märchen selber aus kosmischen Gründen stammen, so erzählen sie doch Besonderheiten, die das Kind, das noch die Urelemente erlebt, nicht verarbeiten kann.

Zwei Fragen stellen sich, wenn man darauf hinschaut, wann mit dem Erzählen, vor allem von Märchen, angefangen werden kann: Wie intensiv lebt das Kind noch in seiner Umwelt und in dem, was ihre Dinge ihm aus kosmischen Gründen zuflüstern? Kann es sich zum anderen, ohne daß seinem Hinhorchen auf die Einflüsterungen Abbruch getan wird, dem erschließen, was von den Märchen über diese Dinge erzählt wird und was ebenfalls kosmische Gründe hat?

Bei allen Bemühungen um den richtigen Weg wird immer ein persönliches inneres Tasten und intimes Miterleben mit dem Kinde notwendig sein. Zudem sollen in den weiteren Betrachtungen auch allgemeinere Gesichtspunkte angeführt werden, die beim Suchen eines gesunden Übergangs zur Märchenwelt auf praktische Weise behilflich werden können.

Der verborgene Schallboden in jeder Menschenseele

Es mag seltsam anmuten, sich in dasjenige vertiefen zu müssen, was als Schallboden in der Kinderseele beschrieben wurde. Im Hinhorchen auf Dinge, die uns zu Herzen gehen, erahnen wir das Phänomen.

Erinnern wir uns eines tief beeindruckenden Erlebens. Was dabei in uns vorgeht, werden wir fühlen und uns sagen können: Was ich so tief erfahre, kommt nicht nur von außen an mich heran, es ist auch in mir da. Meine Seele hat sich die Keime dazu aus ihrer Heimat mitgebracht. Es kann zum Erlebnis werden, weil Keime in mir durch das Wahrgenommene angesprochen wurden. Das Geschehen wäre sonst unbeachtet an mir vorübergegangen.

Das in uns schlummernde Erhabene kann durch Wahrnehmen eines Gleichgearteten ins Bewußtsein gehoben werden. Derartige Wiedererkennungs-Vorgänge zwischen Mensch und Welt können wesentliche Entwicklungsschritte vorbereiten.

Es erweist sich also, daß auch der Erwachsene noch die Möglichkeit hat, die Saiten der Seele mittönen zu lassen mit dem Geschehen der Welt. Welche Mannigfaltigkeit des Mitschwingens offenbart sich da! Wir wissen, daß die eine Seele »zarter besaitet« ist als die andere. Dabei können die Saiten selber sehr verschiedener Natur sein, kosmisch gestimmt die eine, irdisch die andere, künstlerisch eine andere, mehr technisch die nächste. Auch ist bei jeder Seele die Beweglichkeit der Saiten verschieden. Beides aber ändert sich im Verlaufe des Lebens. Das Mitvibrieren der Kleinkindseele mit den »gewöhnlichen« Dingen und Vorgängen in der häuslichen Umwelt nimmt mit zunehmendem Alter schnell ab. Dafür kommen andere Resonanzen und eigene Impulse immer mehr zum Vorschein.

So erleben wir Verwandtschaft, zugleich aber einschneidende Gegensätze zwischen Kleinkind und Erwachsenem.

Die in der frühen Kindheit über das Staunen ins Erdendasein eingeflossenen kosmischen Keime können die Seele in geheimnisvoller Weise durch das ganze Leben hindurch begleiten und befruchten, wenn sie nicht durch die modernen Umweltverhältnisse verdrängt oder gar vernichtet werden. Findet der Mensch einst als Erwachsener diese Seelenfähigkeiten bewußt wieder, hat er in seiner inneren Entwicklung einen gewaltigen Schritt getan.

Gesunder Übergang zu den Märchen

Wir nähern uns jetzt dem Alter der Märchenreife. Dazu ist notwendig, die Reife des Kindes für das Anhören der Märchen zu erkennen.

Die Frage nach der rechten Zeit, um mit dem Märchenerzählen zu beginnen, bezieht sich nicht nur auf die Reife für diesen Stoff an sich. Es muß auch zur

Bedingung gemacht werden, daß dabei die eigenen ursprünglichen Erlebnisse des Kindes nicht verdrängt werden. Am Kinde vor dem Märchenalter, das noch kaum einem Satz richtig folgen kann, geht der Inhalt eines Märchens noch völlig vorbei. Wenn man es dennoch dazu bringen wollte, den Faden der Erzählung zu fassen, ginge allein die Anstrengung unvermeidlich auf Kosten der für das Kind noch unentbehrlichen primären eigenen Erfahrungen. Was würde es für das Kind bedeuten, wenn es doch etwas vom Inhalt aufnehmen würde?

Um hiervon eine Vorstellung zu gewinnen, wenden wir uns den früher angeführten Objekten zu, wobei wir uns jetzt fragen, was sie dem Kinde von der Märchenseite her zu sagen haben. Fangen wir wieder mit dem Wasser an und schauen auf dieses Element als Märchenmotiv. Wir erzählen vom »verwünschten Wasser« im Grimmschen Märchen vom »Brüderchen und Schwesterchen«. Die beiden Kinder geraten auf der Flucht vor ihrer bösen Stiefmutter in einen dunklen Wald. Dort hören sie die von der bösen Frau verwünschten Wasserquellen ihnen zuraunschen, daß jeder, der aus ihnen trinkt, zu einem Tier wird. Brüderchen trinkt dennoch und wird zum Tier. Auf wunderbare Weise findet er endlich seine Menschengestalt wieder.

Man wird dem »Vor-Märchenkind« ein solches Märchen, das auch für viele Kinder des Märchenalters noch verfrüht ist, natürlich nicht erzählen. Doch könnte man, etwa beim gemeinsamen Anschauen eines Märchen-Bilderbuches dazu verführt werden, etwas davon zu erzählen, wie es den beiden Kindern im Walde erging. Wie würde das auf das Kind wirken?

Wir sahen früher, wie das Wasser durch seine Erscheinung und sein ganzes »Verhalten« (strömen, wogen, spiegeln...) die guten Seelenanfänge im Kinde belebt und seinem Verlangen nach innerer Klarheit entspricht. Die Seele des Kindes wird eins mit dem Element des Wassers. Das Wasser wird dem Kinde dieses Alters Hilfe zum guten und ruhigen Sicheinfinden in die Erdenwelt. Nun würde das Kind aber so etwas hören vom »verwünschten Wasser«, das jeden, der davon trinkt, zum Tier macht, würde die Wirkung gar noch auf Bildern sehen... Welch ernste Trübung in seinem Verhältnis zu diesem Element müßte sich hieraus ergeben! Die innere Hilfe des Wassers beim Herankommen der Kinderseele an die Erdenwelt würde aufs tiefste gestört und auf Irrwege geleitet.

Die spätere Befreiung des Brüderchens aus seiner Verwünschung kann dies nicht wieder gutmachen. Im Vor-Märchenalter wirken nur die direkten Bildeindrücke. Zusammenhänge der Erzählung werden noch nicht erfaßt. Überdies wird im Märchen über das »Wieder-gesundwerden«, d. h. die Entzauberung des Wassers selber nicht gesprochen. Das wäre aber für dieses Alter die Hauptsache. Die Entstellung des Elementes Wasser bleibt für das Kind bestehen. Es bleibt darinnen stecken.

Selbstverständlich ist für dasjenige, was das fünf- oder sechsjährige Kind im Märchen erlebt, die Grundlage auch beim kleineren schon vorhanden. Sie kann aber noch nicht zur Geltung kommen, weil die Reife fehlt. Das kleine Kind geht in seinen elementaren Erlebnissen noch völlig auf.

Ähnliches können wir beim Motiv »Wohnung« erleben. Das Aufgehen des kleinen Kindes in allem, was »Haus«, »Wohnen in einem Haus«, »Bauen eines Hauses« ist, ergibt sich vor allem aus der vorgeburtlich von der Seele erlebten Aufgabe, sich »da unten« ein »Haus«, den eigenen Körper aufzubauen und zu bewohnen. Höhere Mächte haben die Grundlagen zu dieser Wohnung gelegt und wirken in erhabener Weise daran weiter. Die Seele selber aber verleiht, mit- oder weiterbauend, ihrer Wohnung den eigenen Charakter.

Vor diesem Hintergrund wird deutlich, wie auch dieses zweite Motiv eines der Grundelemente des kindlichen Seelenlebens darstellt. Kein Wunder also, daß es dem (märchenreifen) Kind einen innig tiefen Eindruck macht, wenn es im Märchen erzählen hört, wie Hänsel und Gretel, die sich im dunklen Wald verirrt haben, das Häuschen finden. Alles was als Wohnung und Wohnungsuchen in der Seele des Kindes schlummert, wird dabei angesprochen.

Nun wird aber von diesem Häuschen erzählt, daß es gänzlich aus Kuchen und Zuckerwerk besteht, und daß die Kinder, indem sie daran naschen, in die Macht einer Hexe geraten, die dann als die Bewohnerin zum Vorschein kommt.

Wiederum werden hier Realitäten des Lebens dargestellt. In wachendem Zustand lebt die Seele in gewissem Sinne auf Kosten des Körpers. Sie zehrt bei ihren Tätigkeiten an den physischen Kräften und der Substanz des Körpers. Sie »ißt« von ihrem Körper. Nachts muß er wiederhergestellt und angefüllt werden. Dabei kann man sich die im Bewußtsein auftretende, oft sehr gescheite Egoität, die immer Gefahr läuft, allzu gescheit zu werden, als die falsche, schlaue Bewohnerin des Häuschens vorstellen. Die aus dem Kosmos in das Haus einziehende Seele (im Märchen: »die Kinder«) gerät unweigerlich in den Bereich der irdisch-gescheiten Egoität.

Das Kind des Märchenalters begegnet hier tiefen Wahrheiten, die sich in Bildform als Richtzeichen für das eigene Seelenleben ergeben. Darauf folgt dann die Lösung: die Bemeisterung der Hexe und des Wiederfindens des göttlichen Vaterhauses. Die Lösung verheißt die Möglichkeit, die eigene seelische

Entwicklung zu ihrer wahren positiven Bestimmung zu bringen. Dem Kinde des Märchenalters wird eine Vorschau auf die zu überwindenden Gefahren des Lebens gegeben, mit dem tief vertrauenschenkenden Bild am Schluß.

Das Vor-Märchenkind lebt noch viel weniger als das märchenreife Kind wachend im »Körperhaus«; es »ißt« noch kaum und »nascht« noch weniger von ihm. Es tut noch fast nichts anderes als träumend mitzubauen an diesem Häuschen, wobei von einem Hervortreten der hexenhaften Bewohnerin, des gescheiten irdischen Verstandes, überhaupt noch nicht die Rede ist. Dieses Kind lebt noch völlig problemlos in diesem »Hausmysterium« und zieht träumend immer tiefer ein. Dabei sollte es noch nicht auf kommende Schwierigkeiten gewiesen werden.

Auch für das Kind des Märchenalters sind diese Märchenbilder zum großen Teil noch Zukunftsmotive. Dieses Kind wird sie dennoch traumhaft als Wegweiser für das Leben erfahren. Beim kleineren Kind ist das noch nicht der Fall. Die Vorstellungen des »Naschens vom Hause«, der Hexe als Bewohnerin, vom Hänsel hinterm Gitter usw., sind für das jüngere Kind nur verwirrend. Sie tun dem großen Erleben »Haus« als gute und von ihm gesuchte Erdenbehausung für die Seele nur Abbruch. Erst wenn die ruhige Verbindung der Seele mit dem irdischen Dasein genügend gefestigt und das Märchenalter erreicht ist, werden die Märchenmotive ihre positive Aufgabe am Kinde erfüllen. Dabei erlebt man dann, wie die Erlebnisse des Kindes im Vor-Märchenalter und in der frühen Märchenzeit vorbereitend gewirkt haben.

Das dritte von uns gewählte Motiv, »Menschenbild«, finden wir in jedem Märchen, das nicht gerade Tier- oder Pflanzenerzählung ist. Gerade die zuletzt betrachtete Geschichte hat neben dem, was sie über das Motiv »Haus« aussagte, auch Besonderes über das Wesen des Menschen zu sagen. Wir wollen uns weiterhin an sie halten.

Außer in der einen Gestalt, in der uns das Menschenwesen hier im Vater sowie in Hänsel und Gretel entgegentritt, wird der Mensch auch in der lieblosen Erscheinung der Stiefmutter und der falschen, karikierten Figur der Hexe dargestellt.

Das Böse tritt im Märchen vorwiegend in weiblicher Gestalt auf. Den Grund dafür finden wir, wenn wir darauf hinschauen, wie im Märchen immer wieder der Entwicklungsgang der Seele zwischen der (himmlischen) Vater-Welt und der viel härteren und schwerere Aufgaben stellenden Welt der Mutter-Erde dargestellt wird. Dabei ergeben sich die Motive des »guten Vaters« und der »harten Stiefmutter«. In »Hänsel und Gretel« möchte der Vater die Kinder gern bei sich behalten; doch muß er sie der Finsternis, in die sie die Stiefmutter stößt, preisgeben. Sie geraten auf ihrem Weg notwendig in den Wirkensbereich untersinnlich verhärtender Zauberkräfte im Bilde der Hexe.

Alle im Märchen bildlich das »Böse« oder »Finstere« darstellende Menschenwesen aber wirken auf das noch völlig seinem Vertrauen zum Menschen hingegebene Kind des Vor-Märchenalters trübend und verwirrend.

Jedoch wirken nicht nur die Bilder mit dunklen Motiven störend auf das Kind im Vor-Märchenalter. Auch das positive Bild bringt durch die in ihm mitgeteilte Besonderheit *über* die Dinge, das kleine Kind aus der Fassung.

Vom kosmischen Materialismus des Vor-Märchenkindes

Das Kind des Vor-Märchenalters geht in den ganz gewöhnlichen Dingen seiner Umwelt völlig auf. Es kann sich noch nicht über das Alltägliche erheben. So gesehen könnte man es einen »kleinen Materialisten« nennen. Der Schein jedoch trügt. Dieses Aufgehen im Wesen des Wassers, des Sandes usw. ist reales Nacherleben ihres kosmischen Ursprungs.

Der »Materialismus« des kleinen Kindes ist das Gegenteil unseres Erdegebundenseins. Während der materialistisch orientierte Erwachsene die Materie von Geist entblößt erlebt, findet das kleine Kind in seinem Traumbewußtsein das aus dem Kosmos stammende Geistprinzip in allen elementaren Dingen und Verrichtungen um es herum wieder. Wenn sich der Erwachsene dieses kosmische Erleben, den »kosmischen Materialismus« des Vor-Märchenkindes bewußt machen könnte und ihn auf seine Weise verwirklichen würde, könnte er damit einer der größten, wenn auch jetzt meist noch verborgenen Lebensaufgaben des modernen Menschen dienen. Anstatt die Materie geistlos zu interpretieren, würde er die Erdenwelt und sich selbst als aus dem Geiste geboren wiedererkennen.

Während das Vor-Märchenkind im Schwellenübergang seinen väterlichen Urgrund träumend mit sich bringt und der irdischen Welt verbindet, hat der Erwachsene die Aufgabe, aus seiner inneren Entwicklung heraus die Verbindung von Urgrund und Erdensein bewußt zu vollziehen. Der Mensch wird zum bewußtschöpferischen Mitgestalter des Erdenseins.

Ein typischer Unterschied ergibt sich zwischen demjenigen, was der Erwachsene von seiner Umwelt wahrnimmt und dem, wodurch das Kind in seinen ersten zwei, drei Jahren als Umwelt umgeben wird. Der Erwachsene ist in seiner Erlebnismöglichkeit relativ unbeschränkt. Die frühe Jugend umschließt auch heute noch der häusliche Umkreis. In diesem intimen Kreis ist nahezu alles von Menschen hergestellt und eingerichtet. Einige Pflanzen nur, manchmal ein Tier und schließlich das Holz, die Stoffe, das Wasser, stammen aus der Natur. Auch diese haben hier eine »menschliche Farbe« bekommen. Sie haben sich angepaßt und werden vom Menschen versorgt oder behandelt.

Diese menschlichen Verhältnisse sind für das kleine Kind gesund und fördernd. Für das Kind, dessen Seele die Verbindung mit der Erdenwelt sucht, ist es von großer Bedeutung, wenn es überall gegründeten menschlichen Wesen begegnen kann. Dadurch kann es alle kindlichen Erfahrungen recht zu den so notwendigen kleinen Einlebevorgängen in das neue Dasein werden lassen. Bei gesunder, nicht übertriebener Verschiedenheit, vor allem bei vielfältiger Wiederholung gleicher Erfahrungen findet das Kind mit seinen kosmisch-menschlichen Seeleninhalten den günstigsten und innigsten Zugang zum Erdendasein.

Aus dem Dargestellten, der Wichtigkeit der Wiederholung gleicher Eindrücke und aus der Ruhe, mit der sich alles zu vollziehen hat, ergibt sich die Notwendigkeit, die Umwelt des kleinen Kindes nicht zu oft und nicht zu eingreifend zu ändern.

Die für das Kleinkind verlangte Kontinuität der Umwelt legt nahe, daß es nicht günstig ist, verschiedenartige Ausflüge mit ihm zu machen und zu häufig mit ihm in Gesellschaft zu gehen. Selbstverständlich soll dies mit Takt und Freiheit behandelt werden. Ein Besuch der Großeltern wird bei gesunden Verhältnissen sicher für alle Kinder etwas Erfreuliches und Gutes sein. Wie herrlich kann da die Märchenwelt oder auch nur die Märchenstimmung der Großmutter für die Kleineren sein! Manche anderen günstigen Möglichkeiten werden sich für das Kind anläßlich so eines Besuches ergeben. Auch ein kleiner Spaziergang in die Umgegend kann ein erquickliches und fruchtbares Unternehmen sein. Wird aber das Kind schon im frühen Alter unbeschränkt zu allen Besuchen und Abstechern mitgenommen, wirkt dies verwirrend und die Verbindung mit dieser Welt vorschnell knüpfend.

Heute kann auch die häusliche Umwelt, wenn sie durch die modernen Verhältnisse ihrer Intimität beraubt ist, für das Kind zur kalten Fremde werden. Es ist dann nirgends mehr wirklich daheim. Die intimen Umwelterlebnisse werden dadurch unmöglich gemacht. Es muß erkannt werden, was bei derartigen Verhältnissen im Kinde zugrunde gehen muß. Verstanden sollte werden, wie notwendig mehr Bewußtsein und tieferes Miterleben mit dem Kleinkind ist.

Um ein wirkliches und fruchtbares Verhältnis zu dieser Aufgabe zu gewinnen, die, richtig verstanden, auch für den Erwachsenen förderlich und bereichernd sein kann, darf man an Gebiete der Sinneswelt denken, die ihn tief ansprechen. Was haben uns diese Gebiete zu sagen, und welche Hilfe bieten sie für uns selbst und für unser Verhältnis zum Kinde?

Vergegenwärtigen wir uns die tief beeindruckende Natur. Wir befinden uns in einem großen jungfräulichen Wald. Kein Menschenwerk, wie im häuslichen Milieu, tritt uns entgegen. Nur Gottes Schöpfungskräfte umgeben uns. Auch in ihnen können wir uns, sogar sehr lebhaft, selber wiederfinden, weil die göttlichen Kräfte auch in uns wirken. Dieses Wiederfinden führt uns jedoch nach oben. Das hier stattfindende kosmische Erleben führt uns für eine kurze Weile über die gleiche Schwelle, die vom Kleinkind vor allem zu Hause überschritten wird. Wir aber streben zurück zu den kosmischen Welten, eine Bewegung, die für das aus dem Kosmos heruntersteigende Kind sinnlos und noch nicht möglich ist.

Nun ergibt sich allerdings, ähnlich wie beim Kleinkinde im vertrauten Kreis, auch bei manchem Erwachsenen in einem solchen Erleben eine Art »Zweiweltenerfahrung«. Dabei kann von beiden, Kind und Erwachsenem, ein gewisses Hin-und-Her oder Auf-und-Ab zwischen den beiden Welten erlebt werden. Während es aber den Erwachsenen über die Schwelle »nach oben« zieht, sehnt sich das Kleinkind »nach unten«, seiner Erdenaufgabe entgegen.

Trotz seiner Gegensätzlichkeit ist das Erleben bei beiden doch wieder so verwandt, daß es zur Überbrückung des Abstandes zwischen Erwachsenem und Kleinkind werden kann. In Kunst und Religion sind dem Erwachsenen ebenfalls starke Erfahrungsquellen gegeben, die ihn an das ahnende Erlebnis des Kindes heranführen können.

Wie sich Erfahrungen und Bestrebungen tieferer Seeleninhalte in der Stille erschließen, so entwickeln sie sich auch im tätigen Leben in der rechten Erfüllung unserer Erden-Aufgaben. Was im Leben wirkt und zum Geiste sich wendet wird vom Kinde als leuchtender Keim über die Schwelle des Erdenlebens getragen. Ihn zu pflegen und seine Entwicklung schützend zu umgeben ist Aufgabe der Erwachsenen.

Ein Berührungspunkt zwischen dem Kleinkind und dem Erwachsenen ist, daß das innere »Sich-Wiederfinden«, einerseits im häuslichen Milieu, andererseits in den mehr kosmischen Verhältnissen, stille Unbefangenheit und Ungestörtheit verlangt. Wenn wir im Walde ins Gespräch vertieft einhergehen, sind wir für die stillen Geheimnisse, die der Wald uns mit seiner mächtigen und zugleich geheimnisvollen Stimme anvertrauen will, nicht empfänglich. Beim kleinen Kinde ist es innerhalb seiner Verhältnisse und seiner Umwelt ebenso. Auch hier können sich die stillen Verborgenheiten nur ganz intim hören lassen. Darum ist es so wichtig, dem Kinde ein stilles und ungestörtes Aufgehen in seinen Dingen zu gönnen und zu ermöglichen.

Dazu ist notwendig, daß wir die Gegenstände, Geschehnisse und Verrichtungen, die dem Vor-Märchenkinde ihre Geheimnisse anvertrauen, vorläufig noch unbesprochen lassen. Noch spricht der Geist selber aus den irdischen Dingen. Lassen wir ihn seine Wirkungen und Geheimnisse der offenen und unbefangenen Seele entgegenbringen.

Auch das eben Gesagte sollte nicht als abstrakte Vorschrift genommen werden. Vielmehr werden wir auch diese Dinge nach eigenem Gefühl zu führen haben. Wenn das Zurückhalten von Aussprachen über das vom Kinde Wahrgenommene zum Unterdrücken eigenen Mitfühlens führen würde, wäre das dem Kinde sicher schädlicher als alles andere. Wahrer innerer Anteil an seinen Erfahrungen ist für die Kinderseele unentbehrlich. Dabei werden kleine, im richtigen Augenblick gebrachte, mitgehende Äußerungen unsererseits nur günstig sein. Nur wenn wir dabei zu sehr ins Beschauen oder Beurteilen der Dinge kommen, würde dies das eigene Erleben des Kindes unterbrechen und stören. Wir sollten uns dem Vor-Märchenkind gegenüber aller ins Urteilende oder Beschreibende gehende Aussagen, ob lobend oder tadelnd, enthalten.

Auf dem Gebiet der Märchen wirken nicht nur häßliche, negative Vorstellungen auf das Vor-Märchenkind verwirrend, sondern auch günstige, schöne Motive.

Wenn wir anstatt von verwünschtem Wasser von einem »Wunderwasser« erzählen würden, das alle Krankheiten und Qualen heilen könnte; oder wenn wir an Stelle des verführerischen Häuschens der Hexe einen großartigen königlichen Palast beschreiben würden: Was würden diese schönen Dinge im Vor-Märchenkinde bewirken?

Das heilbringende Wasser, das auf noch schlummernde Zukunftsmöglichkeiten der Menschenseele deutet, würde innerhalb eines Märchens seine gute, innerlich belebende Wirkung auf das Kind des Märchenalters haben. Beim

Vor-Märchenkinde aber, das in seinen Schwellenverhältnissen noch nicht für Zukunftsmotive empfänglich ist, würde durch diese besondere Vorstellung des Wassers seine Unbefangenheit dem Wunder gegenüber, das ihm das Wasser als solches noch ist, genommen. Das Bild des schönen königlichen Schlosses wird für das Märchen-Kind ein innerer Hinweis auf das einmal wahrhaft vornehm zu gestaltende Erdenleben, als »irdische Behausung« für die Menschenseele sein. Dagegen würde es nur verwirrend wirken für alles, was das kleinere Kind bei jeder schlichten Andeutung eines Häuschens noch ganz tief und direkt als Bild für das von ihm noch zu entdeckende Erdensein erlebt.

Als eine Art Regel mag gelten: Bringe dem Vor-Märchenkind keine ins Wunderhafte gehende Besonderheiten über dasjenige, was es selber noch an sich als »Wunder« wiedererkennt.

Verstößt man gegen diese Regel, so müßte dies, zusammen mit der stets sich beschleunigenden und verfrühenden Behandlung dieses Alters zur Folge haben, daß dessen Bedeutung als Schwellenphase immer mehr verloren ginge. Die Seele des Kindes würde sich, anstatt ihre langsamen, auf- und abgehenden Schwellenschritte zu tun, immer schneller und direkter in diese Welt stürzen. Dabei blieben aber ihre tieferen Anlagen unentwickelt vor der Schwelle zurück. Ist das Kind dann für die Märchen reif, erleben wir, wie dieser Stoff heute in zunehmendem Maße seinen Platz den vorzeitig gebrachten Schulkenntnissen: Lesen, Schreiben, Rechnen, räumen muß.

Die auf diese Weise in den beiden Altersstufen zurückgewiesenen kosmischen Keime der Seelen werden erst viel später, dann aber unter nicht mehr passenden, und dadurch sehr viel ungünstigeren Verhältnissen ihren Zugang zum Leben suchen. Die weitere Lebensführung wird damit eines sehr wesentlichen Teils ihrer inneren Fundamente beraubt. Das Übergehen der Vormärchen- und Märchenphase in der frühen Jugend wird seinen verarmenden Einfluß während des ganzen Lebens geltend machen.

Der Drang zur Verfrühung und Beschleunigung der frühjugendlichen Entwicklung zeigt sich auch in allen anderen Altersstufen des Kindes.

Glücklicherweise fehlt es in letzter Zeit auch nicht an positiven Versuchen auf diesem Gebiet. Ein Suchen nach wirklichem Verständnis des kleinen Kindes und richtiger Leitung seiner Entwicklung hat eingesetzt. Ein Nebeneinander von zwei Strömungen wird deutlich, und man kann nur hoffen, daß die positive, heute noch weitaus kleinere, sich durchsetzen wird.

Bei aller Vorsicht, nicht zu früh mit den Märchen anzufangen, dürfen wir doch wiederum nicht zu spät damit beginnen. Wir werden nicht so lange damit warten können, bis die eigenen kosmischen Umwelterlebnisse des Kindes vollständig verschwunden sind. Dann wäre ein richtiger Übergang nicht mehr möglich. Gerade bei den Kindern, die für Märchen am meisten empfänglich sind, erweisen sich gewöhnlich auch die genannten eigenen Erfahrungen am stärksten und dauerhaftesten. Bei diesen zumeist tieferen Naturen kann sich, wenn auch oft im Verborgenen, etwas von den inneren Erlebnissen durch das ganze Leben hindurch fortsetzen. Auch ist für das echte Märchenerleben ein Rest des ursprünglichen Wundererfahrens im Vor-Märchenalter unentbehrlich.

Wenn wir das naturhaft kosmische Erleben des Kindes der Umwelt gegenüber voll und ungestört zur Geltung kommen lassen, damit sich der Einlebeprozeß ins neue Dasein ruhig vollziehen kann, wird das Kind ungefähr im vierten Lebensjahr auf natürliche Weise die Märchenreife erlangen. Dann werden in ihm beide Erlebnisarten zu einem gesunden Ganzen zusammenwachsen.

Wahrzunehmen, wann das Kind diese Stufe erreicht hat, bedarf eines intimen Einfühlungsvermögens. Mit gutem Willen und einiger Übung aber sollte man es erspüren.

Das kindliche Laut- und Worterleben

Bei den Umwelterlebnissen des Kindes spielen Augen und Ohren eine bedeutende Rolle. Die Frage nach der Märchenreife bezieht sich also nicht nur auf das Bildliche, sondern auch auf das Lautliche und Sprachliche. Auch hier befindet sich das Kleinkind noch im kosmischen Umkreis. Innerhalb der sich vollziehenden seelischen Entwicklung zeigt sich dann ganz besonders die Ähnlichkeit im Entwicklungsgang des kleinen Kindes und der Menschheit: immer wieder ist es der Weg vom Kosmos zur Erde. Zum Verständnis der kindlichen Sprachentwicklung wird deshalb ein Blick auf den Weg des Menschengeschlechts von Nutzen sein.

In sehr frühen Zeiten der Entwicklung hat sich der Mensch nur in Lauten und Gebärden geäußert. Durch sie offenbarten sich nicht nur eigene seelische Impulse, sondern zugleich göttliche Wesen. Im Laufe langer Entwicklungszeiträume kam der Mensch mehr und mehr zu bewußteren persönlichen Äußerungen. Dabei formten sich die Laute allmählich zu Worten und Sätzen. Denken und Begriff begannen eine immer größere Rolle zu spielen. Ein langer lebendiger Prozeß mußte durchlaufen werden, bis die heutige Bewußtseinshaltung erreicht war.

Jeder sich verkörpernde Mensch durchläuft die gleichen Entwicklungsstadien. Das Kleinkind braucht Zeit und Ruhe, um sich aus seinen kosmischen Lautverhältnissen zu unserer gedanklichen Sprache herüber zu entwickeln. Zwar beziehen sich so manche Laute und Worte noch auf kosmisch Wesenhaftes, das durch sie ausgedrückt werden soll; doch kann davon in dem verflachten, ganz auf das äußere Sichverstehen gerichteten Alltagssprechen für das Kleinkind nichts mehr davon zur Geltung kommen.

Auch hier ist es wieder Aufgabe des Erziehenden, dem Kinde auf seinem Weg über die Schwelle bewußt helfend zur Seite zu stehen.

Um das zu erreichen, sollte sich der Erwachsene vergegenwärtigen, wie das Kind auch die Sprachlaute ihrem Wesen nach schon in der Seele mit sich bringt. Das Vernehmen dieser Laute und die wunderbare schrittweise Erfahrung, wie sie sich auf die sichtbaren Gegenstände beziehen, ist jedesmal ein »Mysterium«, eine »Umweltkommunion« für das Kind. Für den Erwachsenen handelt es sich bei der Zuordnung von kosmischer Quelle zum irdischen Begriff um logisches Verstehen. Für das Kind ist das Wiedereinswerden beider ein inneres Erlebnis. Das wie ichhaft stehende, zugleich sich ausbreitende Wort T i s c h verbindet sich mit dem großen, selbständig stehenden, dabei hilfsbereit tragenden Ding Tisch im Zimmer. Das wie flügelschwingende Wort V o g e l wird eins mit dem fliegenden Vogel draußen. Auch hierbei ist das Kind noch nicht imstande, Erzählungen oder Mitteilungen *über* diese Phänomene aufzunehmen. Es erfährt aber jedesmal, wie Getrenntes in eins zusammenwächst. Das Wesen des Wortes wird eins mit dem Wesen des Gegenstandes. Dieser seelisch natürliche Prozeß vollzieht sich in voller Harmonie, sofern die Möglichkeit dazu nicht durch äußere Umstände verdrängt oder verdorben wird.

Es kommt darauf an, daß die inneren Entwicklungsvorgänge im Kinde stattgefunden haben, bevor das V e r s t e h e n l e r n e n des Mitgeteilten und das der Erzählung inhaltlich Folgenwollen oder Folgenmüssen heraufkommt. Es ist verständlich, daß die inneren Laut-Dingerlebnisse durch die aufwachende Begriffsfunktion zurückgedrängt werden. Geschieht dies im richtigen Alter und auf verantwortbare Weise, ist der Vorgang nur natürlich. Die Laut-Dingverhältnisse werden sich bis dahin so weit entwickelt haben, daß sie im Verborgenen weiterwirken. Wird aber das Verstehen und Begreifen unserer Worte vom Kinde zu früh verlangt, hat es dieselben bedauerlichen Folgen, wie bei den anderen Umwelterlebnissen dieses Alters. Ein verfrühter Schritt auf diesem Gebiet führt zu einer Verkümmerung der von den kindlichen Laut-Dingerfahrungen zu bildenden Grundlage für ein beseeltes Denken- und Sprechenlernen.

Wenn man einem Erwachsenen etwas erzählt, wird es zu empfehlen sein, die Gefühlsäußerungen einzuschränken, unter Umständen gänzlich auszuschließen, damit der bewußt lauschende Zuhörer frei bleibt, eigene Gefühle zu entfalten.

Beim kleinen Kinde liegt die Sache anders. Hier ist eine andere Objektivität, eine andere Sachlichkeit zu suchen. Wir werden in *dem* Sinne »objektiv« sein, daß wir unsere Worte auf schlichte, natürliche Weise, frei von Sentimentalität und Realismus, mit der vom Objekt und vom Kind selber verlangten Mimik, Stimmnuance und Gebärde vorbringen. Diese objektive Gefühlsführung ist es, die dem Kinde das Erzählte mit den Dingen der Außenwelt zu einem natürlichen, lebendigen Ganzen zusammenschließt.

Objektiv sein heißt, aus den Objekten (den Dingen und Vorgängen) zum Kinde sprechen. Das wird am ehesten gelingen, wenn wir ahnend mitzuerleben suchen, was das Kind auf seinem Traumniveau den Gegebenheiten dieses neuen Daseins gegenüber erfährt. Weil es nicht zum Einsiedler, sondern zum Menschen unter Mitmenschen heranwachsen soll, ist es von großer Bedeutung, wenn das Kind auf diese Weise nicht nur direkt, sondern auch durch uns der neuen Welt begegnen kann.

Ein Maßstab für die Märchenreife des Kindes

Ein fruchtbarer Fingerzeig ist es immer, wenn das Kind nicht mehr nur total beeindruckt ist von allem was wir ihm sagen, sondern dies immer mehr auch inhaltlich fassen will. Wir bemerken, daß es stets mehr begreifend zuhört. Die »kosmischen Erinnerungen« und »Wiedererkennungen« des Kindes, die im Verborgenen weiterleben, sind zu einer ersten Festigung in ihrem neuen Dasein gekommen. Jetzt kann es einer Erzählung folgen, ohne daß diese immer noch unentbehrlichen inneren Erlebnisse geschädigt werden. Dabei ist das Kind imstande, die viel ausgedehntere Märchenwelt mit den eigenen, gewiß nicht geringeren, nur viel ursprünglicheren kosmischen Inhalten zu einem Ganzen zusammenwachsen zu lassen. Das Kind ist jetzt in der Lage, zu den Wundern, welche die Dinge an sich noch immer sind, neues Überraschendes, neue Wunder hinzuzunehmen. Ohne Schaden kann man ihm nun vom heilbringenden oder vom verwünschten Wasser, vom königlichen Schloß oder vom Kuchenhäuschen erzählen.

Jetzt wird man mit den kleinsten und einfachsten Märchen, erst noch ganz elementar erzählend anfangen. Die Tatsache, daß das Kind unseren Worten allmählich müheloser folgen kann, zeigt uns eine innere Entwicklungsstufe an.

Die hier angeführte verhältnismäßig einfache Richtschnur für den richtigen Beginn des Märchen-Erzählens bedeutet nicht, daß unser Miterleben mit allem, was im Seelenleben des Kindes mit diesem Neubeginn zusammenhängt, nicht von größter Bedeutung bleibt. Inneres Verstehen und Leiten des Kindes ist nur aus diesem Miterleben möglich. Deshalb bleibt trotz des relativ einfachen »Was« wichtig, wie das Kind zur Märchenwelt reift und wie wir diesen Prozeß innerlich verfolgen können. Dabei spielen dann manche Umstände und persönlichen Verhältnisse eine Rolle.

Wie verschieden ist es, ob wir es mit einem in seiner Entwicklung voraneilenden oder mit einem verträumten Kinde zu tun haben, ob wir eine Schar von Kleinen um uns herum haben oder einem Kinde ganz allein am Rande seines Bettchens ein Märchen erzählen wollen. Ein anderes ist es, ob ein Kind gerade die Märchenreife zu erreichen anfängt oder ob es schon in dieser Phase vorangeschritten ist.

Eines aber bleibt: der Beginn des Märchen-Erzählens ist eine Sache feinsten persönlichen Tastens und Empfindens.

Wie kann das Vor-Märchenkind in den »Märchenkreis« der Familie hineinwachsen?

Bei der Frage nach der Märchenreife des Kindes sind wir bisher von der Annahme ausgegangen, daß ihm das Märchen direkt erzählt wird. Das trifft bei einer jungen Familie, in der das älteste Kind sich im Übergang zum Märchenalter befindet, zu.

In einer Familie aber, in der schon größere Kinder da sind und vielleicht noch einige Nachbarkinder mit zuhören, liegt die Sache anders. Selbstverständlich stellt man sich hier beim Märchen-Erzählen auf die Kinder des Märchenalters ein. Über diese Größeren brauchen wir uns, solange sie nur mit Hingabe zuhören, keine Sorgen zu machen. Sie werden nur Gutes beitragen und erfahren können. Wie ist es aber mit den Kleineren, für die das Erzählte nicht bestimmt ist? Sie, die hier nicht direkt angesprochen werden, jedoch alles mithören können, befinden sich in einer merkwürdigen Lage. Sie kann für diese Kinder wichtig und für den Erzähler sehr interessant sein. Gewiß, man könnte die Kleinen absondern. Ist das aber wirklich nötig?

Stellen wir uns also vor, daß so ein kleines Kind immer näher kommt, um von dem, was da um die Mutter herum geschieht, etwas mitzuerleben. Es kommt ja nicht, um den Inhalt des Märchens zu hören. Es will nur da sein, wo die Großen sind, will etwas erfahren von der geheimnisvollen Sphäre, die sich um die Mutter herum gebildet hat. Wir können das Kind natürlich nicht zurückweisen. Das würde mehr schaden, als es das Märchen tun könnte.

Was erlebt das kleine Kind in diesem Falle?

Versuchen wir, uns eine Vorstellung davon zu machen. Da ist vor allem der Eindruck des Ganzen, von dem sich das Kind angezogen fühlt: die Geschwister mit der liebevoll sie hütenden und beschenkenden Mutter. Es ist wie ein geheimnisvolles Nachempfinden vorgeburtlichen Erlebens, wo sich verschwisterte Seelen um schenkende Geistwesen andachtsvoll sammeln. Darin erschöpft sich fast schon das Miterleben der Kleinsten.

Doch welche Kraft liegt in diesem Geschehen für das sich in das Erdensein findende Kind! Die rechte Seelenhaltung des Erwachsenen schenkt Nahrung für die geistige Entwicklung des heranwachsenden Kindes.

Neben dem Großen, tief Wirkenden aber sind es die Gebärden der Mutter, ihre Mimik und das Tönen einzelner Worte, durch die sich auch die Kleinsten in die Gemeinsamkeit aufgenommen fühlen. Später erst und ganz allmählich kommt über einzelne Bilder und Worte der Märchengehalt dem Kinde entgegen.

Wie anders ist dieses intime Geschehen, als wenn wir versuchen würden, dem Vor-Märchenkind persönlich ein Märchen zu erzählen. Wir würden es »kränken«, wollten wir ihm Inhalte nahe bringen. Behutsam und dem Alter gemäß muß das Kind in die Welt der Märchen eingeführt werden.

Da ist das Bild des »dunklen Waldes«! Wie anders ist doch sein Eindruck auf die Seele des Vormärchenkindes als auf die des Märchenkindes! Jenes ist noch umgeben und durchleuchtet vom Geisteslicht, zugleich aber durchdrungen von der Sehnsucht nach der Erdenwelt. Jegliche »Drohung« ihrer Finsternis und der Impuls zu ihrer Überwindung bleiben im Hintergrund. Für das Vor-Märchenkind ist das Erdenleben selber noch die Zukunft. Der Schritt in die Dunkelheit wird aus einer überwältigenden Lichtkraft getan. Wer würde den Ritter Georg in dem Augenblick, wo er das Schwert gegen den Drachen zieht, vor der Gefahr des Streites warnen?!

Das Kind des Märchenalters, das schon ein wenig ins »Seelendunkel« des Erdendaseins eingetreten ist, nimmt die Wegweisung der Märchenerzählung entgegen wie einen Blick in die Zukunft, in der das Licht der Welt zurückgefunden werden kann. Das Vor-Märchenkind, das mit seinem inneren Licht in heiligem Vertrauen die Dunkelheit der Erde sucht, würde durch die Wegdeutungen des Märchens verwirrt. In der Stimme und den Augen des Erzählers aber fühlt es, was ihm Ziel und Bestimmung ist.

Was können wir mit dem Kinde vor dem Märchenalter tun?

Es ist gar nicht so leicht, mit dem Kind des Vormärchenalters etwas gemeinsam zu tun. Vor der Schwellenphase spielen wir mit dem Kind die Schoßspiele. In noch früherem Alter wiegen wir das Kind in seiner Wiege oder in unseren Armen, wobei wir ihm leise Wiegenlieder singen. Nach der Schwelle erzählen wir dem Kinde Märchen. Dabei können wir in diesem Märchenalter, in dem das eigentliche Spielen beginnt, viele Spiele mit dem Kind zusammen betreiben oder voller Teilnahme in ihnen aufgehen. Wir können lobend den »Tee« genießen, den uns das Mädchen einschenkt; wir können uns von dem Buben in seinem »Autobus« fahren lassen oder aus Stühlen und Decken ein Haus mit ihm bauen. Mit noch größeren Kindern können wir etwa einen Drachen herstellen und draußen aufsteigen lassen. Wer wird aber, wenn er ein Zwei- oder Dreijähriges ganz leise mit den Händchen im Sand rühren oder ein Lappen-Püppchen ganz inniglich herzen sieht nicht fühlen, daß jede Einmischung in diese intimen Verhältnisse nur stören kann? Man wird erkennen müssen, daß das Kind dieses Alters in seinem Erleben bei diesen kleinen Handlungen, die immer »Schwellenübergänge« zur Erdenwelt sind, ungestört sein muß.

Das bedeutet nicht, daß dieses Kind gänzlich sich selber überlassen werden soll. Das innere Miterleben des Erwachsenen, das erkenntnismäßige Durchdringen jener Erfahrungen ist für das Kind von größter Bedeutung. Von ihm wird es als vertrauenerweckende Begleitung beim stillen Eintreten in ein neues Leben erfühlt.

Eines aber gibt es, das ganz von uns ausgehend, zum gemeinsamen Tun mit dem Kinde wird: das Erfahren der Sprache. Dabei ist es wesentlich, wie die Elemente der Sprache von den Erwachsenen an das Kind herangebracht werden; denn die Sprache wird dem Kind Lebensnotwendigkeit für seine innere Entwicklung, wie das Hineinwachsen in die Umwelt. Dabei hängt es weitgehend von uns ab, wie stark und wie lange das Kind noch etwas von seinem kosmischen Wesen und Ursprung in sich nachklingen fühlt. Nur allzu schnell ist dieser Klang zu äußerer Sachlichkeit verflacht. Wie verhalten wir uns richtig?

Dem aus der Geisteswelt in das Irdische eintauchende Kind sollte auch in der Sprache seiner Umgebung etwas entgegenklingen, was noch einen Bezug zu jener Geistigkeit hat. Die sprachliche Verständigung sollte irdisches Abbild himmlischen Geschehens sein. Sie sollte es sein, solange das Kind unsere Worte noch nicht im äußeren Sinne versteht. Auch hier darf nicht beschleunigend eingegriffen werden. So muß das Sprechen zum Kinde immer bewußter geschehen. Im schlichten, intim gesprochenen Wort ergibt sich dem Kinde die Möglichkeit, seine kosmischen Quellen nachzuerleben. In diesen einfachen sprachlichen Begebenheiten wird es, wie in den vertraulichen Umweltdingen, eigenen Seelenelementen begegnen und diese traumhaft wiedererkennen. In den klingenden Vokalen schwingt die Seele des Menschen, in den Konsonanten antwortet ihr der Geist.

Welch tiefe Gemeinsamkeit von Erwachsenem und Kind offenbart sich da, wo beide mit den Lauten »spielend« umgehen! In diesem Spielen mit den Lauten geht das Kind in ihnen auf. Sie werden auf diese Weise in das Herz des Vormärchen-Kindes aufgenommen, sie werden zum Fahrzeug, auf dem es in

die Erdenwelt hineinfährt. Deshalb sollten sie nie verklingen, jene Liedchen und Reime, wie:
> *Hh*eia – Popeia, was *rrasch*elt im *Ss*trroh? ...

oder
> *Hhe*isa juc*hh*ei ging auf dem *Ss*peicher vorbei ..., usw.

Mit dem jüngeren Vormärchenkind können wir auch noch die Schoßspiele machen, wie:
> *Hh*oppe, *hh*oppe *Rr*eiter ...

oder
> *B*acke, *b*acke *K*uchen ..., usw.

Frei vom gedanklichen Folgen- und Begreifenmüssen der Worte kann das Kind in den lebendigen Rhythmen und Lauten aufgehen.

Ein anderes sind die mehrfach erwähnten Wort-Dingverhältnisse, die in diesem Alter eine bedeutende Rolle spielen. Die Prozesse des Einswerdens von Wort und Ding, die für die frühe Jugend Mysteriengeschehen sind, sollen in Hinsicht auf das gemeinsame Tun mit dem Kinde näher angeschaut werden.

Wir haben gelernt, daß wir dasjenige, was Natur und häusliche Umwelt dem Kinde zu offenbaren haben, nicht mit unseren Mitteilungen unterbrechen dürfen. Das Kind würde durch diese Störungen in gewissem Sinne »taub« für die Umwelt. Und doch dürfen wir dem Kinde nicht einfach die Worte unserer Sprache vorenthalten. Es braucht unsere miterlebende Stimme im Wort gerade so wie die »Lieder ohne Worte« aus der Umwelt. Aus dem Hören unserer Wortlaute, die sich zum Teil auf die Dinge der Umwelt beziehen, können sich dem Kinde auch die ersten deutlichen Wort-Ding-Erlebnisse ergeben. Wie können wir beides so zusammenbringen, daß es sich gegenseitig nicht stört?

Der Weg, den wir einzuschlagen haben, wird wie immer, wenn es sich um ein Erziehen handelt, das eigene Erüben sein. Das heißt in diesem Falle, sich in Wesen und Sinn von Wort und Laut zu vertiefen, daß sie sich so erschließen, wie sie auch dem Kinde Uroffenbarung sind.

Ein Beispiel mag genügen. Im praktischen Tun ergeben sich unzählige neue. Plätschert und patscht das Kind freudig in einer Wanne Wasser, geht es hingebungsvoll und andächtig im Rühren und Rudern auf, so ist dies nicht der Augenblick, es auch im Wort hören zu lassen, daß dies Wasser sei, mit dem es sich beschäftigt, weil sich das Wasser selber offenbart. Wohl aber können wir vorher sagen, daß wir ihm eine »*Wwanne mit Wwasser*« bringen wollen. Wenn das Wasser dann einfließt, sollten wir seine brausende Stimme nicht mit unseren Worten unterbrechen oder mit nachahmenden Stimmlauten vermischen. Jetzt soll das Element sich selber aussprechen. Später, wenn einmal auf einem Bilde strömendes Wasser zu sehen ist, werden wir dazu, nach einem Moment stillen Anschauens, etwa hören lassen können: »Sch – sch – sch . . . da sstrrömt das Wwasser vom Berge herunter!« oder noch elementarer einfach: »da s s t r r ö m t das W w w a s s e r . . . «. Dabei wird das Kind erleben können, wie der Mensch bis in seine Sprache hinein diese Welt in sich trägt.

So auch, wenn die Mutter mit dem Kinde im Garten still lauschend den Wind durch die Bäume rauschen hört, ohne auch dies zu unterbrechen. Sie wird es später im Hause mit dem Kinde dem Vater erzählen. Wenn dann die Worte Baum, Wwind, rauschen ertönen, wird das Kind die tiefe Einheit von Wortlaut und Naturlaut erleben. Da vollzieht sich die Geburt der menschlichen Sprache aus der großen Weltensprache immer wieder aufs neue. Das Kind aber wird auf diese Weise in ihren lebendigen Prozeß einbezogen.

Wenn später die Worte des Erwachsenen zu kleinen Mitteilungen werden, dann werden sie in diesen die Dinge selber noch sprechen lassen. Da sagt die Puppe selber ihr »Guten Morgen« und herzlich wird diese Begrüßung entgegnet. Das Wägelchen teilt mit seiner rollenden Stimme mit, wie es »so gerne Lieschen trragen und mit ihr fortrrollen möchte«. Sind diese »Mitteilungen« innerlich real, werden sie dem Kinde tönende Aussagen und Erzählungen der Umwelt aus Menschenmund.

Wenn das Kind der Umwelt gegenüber selbständiger wird, können auch Mitteilungen *über* die Dinge und *über* die Menschen und Tiere gemacht werden, so wie es auch die Märchen tun.

Vermittelten im Vorgeburtlichen hohe Geistwesen der Seele ihre Gaben, so übernehmen die das Kind umgebenden Erwachsenen die Aufgabe, die sich inkarnierende Menschenseele bewußt und in geistgemäßer Weise dem Wesen der irdischen Welt entgegen zu führen. Das sinnvolle Verbinden von Naturlaut und Sprachlaut ist ein Schritt auf diesem Weg.

Staunend nimmt das Kind alles auf, was ihm entgegengebracht wird. Das ganze Kind ist Staunen. Staunen aber ist Offensein der Kinderseele jeglichem Eindruck gegenüber. Aus dem staunenden Miterleben der Umwelt gebiert sich die Nachahmung. Sie geschieht in vollstem Vertrauen zu dem Sein der Umgebung. Aufgabe des Erwachsenen ist es, dieses Vertrauen nicht zu enttäuschen, nicht im Wort, nicht in der Gebärde und nicht in der seelischen Haltung. Die Verantwortung gegenüber der Menschwerdung drückt sich in der moralischen Haltung aus, die jeglichen Umgang mit dem Kinde auszeichnen sollte.

Das Bilderbuch

Wenn es sich darum handelt, die Verhältnisse des Vormärchenkindes zu seiner Umwelt und zu den Erwachsenen in eine Harmonie zu bringen, wird das Bilderbuch eine besondere Rolle spielen. Hier ist eine gute Möglichkeit, etwas mit dem Kinde gemeinsam zu tun. Im gemeinsamen Anschauen der Bilder ergibt sich die Gelegenheit, das Gesehene mit einfachen Worten und Wortlauten zu begleiten. Das im vorhergehenden Kapitel aufgezeigte Naturlaut-Erleben wird so in fruchtbarer Weise in ein Wortlaut-Erleben überführt. Die Gefahr, das Kind im stillen Aufnehmen der Dinge zu stören, ist hier nicht so sehr gegeben, sind doch die Bildwiedergaben selbst schon von Menschenhand gestaltet. Da verlangt das Kind das dazugehörige menschliche Wort. Gibt sich der Erwachsene dann Mühe, im »Beplaudern« der Bilder diese mit Mimik und Stimmfärbung zu einem natürlichen Ganzen zu vervollkommnen, dann fließen Weltending, Menschenwort und Menschengefühl zu einem gesunden harmonischen Ganzen zusammen.

Wie wesentlich gerade für dieses Alter vom Erwachsenen selbst gefertigte Bilder sind, kann aus dem Dargestellten wohl hervorgehen. Das Kind fühlt, wie wichtig auch dem Erwachsenen die Dinge sind, denen es sich selbst träumend verbunden fühlt. Und es könnte wohl zu sich sprechen: »Was ich im Innern aus meiner kosmischen Heimat in mir habe und was ich hier überall um mich herum wiederfinde, wird auch von den »Großen« wichtig befunden. So werde ich mich mit ihnen und mit diesen Dingen zu Hause fühlen und meinen Weg finden.«

Natürlich kann das Kind ein Bilderbuch auch allein anschauen. Aus der Hingabe, womit dies geschehen kann, ersieht man, wie gedeihlich auch so eine kleine stille Beschäftigung sein kann. Wichtig dabei ist, daß es sich immer um gute Bilder handelt. Leider ist das heute nicht immer der Fall. Es gehört viel Einfühlungsvermögen und Verantwortungsbewußtsein zur Gestaltung eines guten Bilderbuches.

Wesentlich aber ist, daß es sich bei dem Dargestellten für dies Alter möglichst um gewöhnliche Dinge und Geschehnisse handeln sollte. Alles Ungewöhnliche, Verzerrte, Unbekannte wirkt nur verwirrend auf das Kind.

Dabei muß auf eine Unart der Kinderbuchgestalter und Hersteller hingewiesen werden, die als »humorvoll« oder »spaßig« gelten soll: das Karikieren von Menschen und Tieren. Jedes Deformieren der menschlichen Gestalt, jedes

Vermenschlichen der Tiergestalt wirkt kränkend auf das Kind. Tiefe organische und seelische Zerstörungsprozesse werden durch derartige Darstellungen hervorgerufen. Dem kleinen Kind wird es unmöglich gemacht, in gesunder Weise in die Erdenwelt hineinzuwachsen.

Das ergebungsvolle Aufgehen in den Offenbarungen der Umwelt verkehrt sich in die Verleumdung des Wertvollsten auch in der eigenen Seele. Der dem Kinde angetane Spott führt zum Verlust der noch schlummernden innersten Ehrerbietungskräfte, welche als Grundlage zu jeder späteren geistigen Entwicklung unentbehrlich sind.

Allzu leicht läßt sich der Erwachsene durch die ihm vom Kleinkind in selbstverständlicher Weise entgegengebrachte Ergebenheit und das Vertrauen auf seine Unfehlbarkeit verleiten zu glauben, das dem Kind in dieser Weise Dargereichte würde freudig angenommen. Dabei wird vergessen, daß das Kind in gar keiner Weise ein Urteilsvermögen haben kann. Es nimmt vertrauensvoll an, was ihm entgegengebracht wird. Urteil und Verantwortung liegen beim Erwachsenen.

Nicht nur vor dem Häßlichen haben wir das Kleinkind zu schützen. Wie bei demjenigen, was wir dem Kinde in unseren Worten bringen, werden wir auch bei den Bildern vorläufig alle, mitunter auch netten zusätzlichen Besonderheiten zu der Umwelt noch zurückhalten. Nehmen wir an, wir zeigen dem Kind das Bild einer Kanne, die mit freundlich lachendem Gesicht ihre schenkende Tätigkeit verrichtet. Für das größere Kind könnte dies, etwa im Zusammenhang mit einer Erzählung gut und sinnvoll sein. Das kleinere Kind aber, das noch im Wesen und im Tun des Dinges selbst völlig aufgeht, erträgt auch im Bilde noch keinen Zusatz. Das liebevolle Schenken der Wasser sprühenden Kanne wird schon an sich von diesem Kinde erlebt. Ein diesbezüglicher, extra hinzugefügter Ausdruck wirkt unbedingt störend.

Trotzdem können und sollten wir nicht darauf verzichten, das Humorvolle an das Kleinkind dieses Alters heranzubringen. Was im Bilde noch nicht aufgenommen und realisiert werden kann, ist im unmittelbaren Hin und Her zwischen Erwachsenem und Kind eine Selbstverständlichkeit. Jedes »Guck-um-die-Eck-Spiel«, jede Gebärde, die im seelisch-physischen Zusammenhang mit dem Kind gemacht wird, sind Anlaß zu stets erneutem Lachen. Das sind elementar-kindlich-menschliche Verhältnisse, in denen sich die heiteren Stimmungen und der Humor in diesem Alter abspielen können. Jeder Spaß ist hier noch menschlich-subjektiv. Er kann noch nicht objektiv in den Dingen auftretend sein.

Für das Vor-Märchenkind liegt die eigentliche Bedeutung der Bilderbücher darin, daß es in den Bildern die mit Liebe und Verständnis ausgeführte Wiedergabe von Dingen, Tieren und Menschen und den alltäglichen kleinen Geschehnissen in seiner Umwelt erleben kann. Das schließt aus, dem Kinde vom Kinde Gemaltes als Bilderbuch anzubieten. Selbstverständlich ist die Kinderzeichnung viel mehr aus dem kosmischen Traumerleben geboren als das Werk des Erwachsenen. Deshalb kann das Gekritzel des Kindes für den Erwachsenen wertvoll und vielsagend sein.* Das zuschauende kleine Kind sucht dieses nicht. Es steigt ja selbst mit seinem kosmischen Reichtum herunter und sucht seinen Weg ins neue Dasein. Dabei verlangt es Sicheres zu finden, das ihm von der neuen Welt entgegengebracht wird: einen Haltepunkt in der Erdenwelt.

Das vom Erwachsenen hergestellte Bilderbuch, der bei seinen künstlerischen Fähigkeiten und seinem Verständnis für dieses frühe Alter, ihm auch sein eigenes gesundes Erdenbürgersein entgegenbringen kann, wird das Kind mit seinen Bildern in rechter Weise in diese Welt hineingeleiten.

Der Bild-Kommentar

Wenn wir ein auf das Vor-Märchenkind eingestelltes Bilderbuch, das noch ohne Erzählungsfolge die einfachsten Dinge und Vorgänge des Alltags zur Schau bringt, mit ihm ansehen, wird uns dies wie von selber zu einer richtigen elementaren Begleitung der Bilder mit Worten, Stimmfärbungen usw. führen. So sagen wir etwa: »das ist ein M mann..., ein M mann..., und dieser Mann hhackt« (Gebärde und Laut): hhacke, hhacke, hhacke!...

Sehen wir mit dem kleinen Kinde erstmalig Bilder an, wird es gut sein, bei diesem einen stehen zu bleiben und später mehrere Male dasselbe Bild, dieselben Worte zu wiederholen. Später, beim Dreijährigen, erweitern wir die Erklärungen: »Dieser M mann hhackt Hholz«... und so ähnlich bei anderen

---

* Christhilde Blume, Kleinkinderzeichnungen – Spiegel der Entwicklung. J. Ch. Mellinger Verlag.

Bildern. Dabei wird die einfache Mitteilung einer Handlung oder eines Geschehens den Keim einer Erzählung beinhalten. Dabei wird die Handlung oder das Geschehen den Dingen gegenüber vorrangig. Die Handlung wird selber zum »Ding« und will auf ihre Weise zum Ausdruck gebracht werden.

Für das kleine Kind ist es wichtig, daß man den Wiederholungen solcher »Verdolmetschung« eines Bildes immer die gleichen Worte und Stimmlaute anwendet und dieselben Gebärden macht. Zugleich mit dem Bilde verbindet das Kind sich auch tief mit den Äußerungen des Erwachsenen, was für das Kind immer von neuem ganz feine Inkarnierungsvorgänge sind: Seine Seele verkörpert sich in unseren Lauten und Gebärden wie im Bilde selber. Wehe, wenn wir es einmal »falsch« sagen, sofort werden wir korrigiert: »nicht hacke, hacke, . . . : *hacke, hacke, hacke!*«. Nicht zweimal, sondern dreimal muß das Wort wiederholt werden. Und der Unterschied im Rhythmus ist wirklich groß.

Das Verlangen nach Kontinuität in der Darstellung kann auch im Märchenalter noch wahrgenommen werden. Auch hier sollten in den gewählten Worten und Gebärden, in der geprägten Mimik, womit sich das Kind einmal verbunden hat, keine Änderungen angebracht werden.

Um auf dem Gebiet des Bilder-Anschauens den Übergang des Kindes vom Vor-Märchen- zum Märchenalter richtig zu begleiten, können wir bei der Wahl des Bilderbuches Schritt für Schritt etwas mehr gedankliche Folgen von einem Bild zum andern zulassen. Dabei wird sich zunehmende »Dramatik« auch in den »kommentierenden« Worten ausdrücken.

Grundsätzlich aber ist es wichtig für das Vor-Märchenkind, daß man bei jedem Bild genügend lange verharrt. Alles muß mit voller Hingabe aufgenommen werden können. So ergibt es sich, daß nie viele Bilder nacheinander oder gar mehr als ein Bilderbuch vorgenommen werden. Jedes Bilderbuch hat seinen ihm eigenen Charakter, der nicht durch ein zweites gestört werden sollte.

Gegenwärtig, wo alles schnell gehen muß, haben auch viele Kinder diese Eile schon in sich und werden leicht ein Bilderbuch durcheilen, um zum nächsten zu greifen. Schon deshalb ist das gemeinsame Anschauen der Bilder mit dem Kind so wichtig. Dadurch wird das moderne nervöse Eile-Kind zu Ruhe und Innigkeit beim Anschauen angehalten.

Nicht immer wird das einfach sein. So manches Kind ist angesteckt von der Motorik heutiger Zeit. Es langweilt sich beim ruhigen Zuschauen. Da heißt es immer wieder zu versuchen, uns mit dem Kinde zusammen, wenig zuerst, dann mehr und mehr aufzuschließen für dasjenige, was das Bild erleben lassen will. In diesem immer wieder erneut wiederholten Prozeß wird sich auch das Kind dem gemeinsamen Geschehen aufschließen. Durch die Nacht getragen, wird das Angeschaute und Gehörte seine tiefere Wirkung zeigen. Es ist wie eine Heilung im übereilten Inkarnationsprozeß einer viel zu eiligen Zeit.

Es gibt noch viel zu wenig Bilderbücher, die geeignet sind für das Vor-Märchenalter, in denen Dinge und elementare Vorgänge und Handlungen für sich sprechen und die noch frei sind von einem Erzählungszusammenhang. Illustrierte Märchen und andere Erzählungen mit Bildern gibt es genug. Bücher aber, die im hier gemeinten Sinne auf das Vor-Märchenkind abgestimmt sind, trifft man noch zu selten.

Da wird es manchmal notwendig werden, selber das dem Alter des eigenen Kindes entsprechende Bilderbuch zu malen oder zu gestalten. Man sage nicht: »Das kann ich nicht.« Wir sollten ganz einfach und völlig problemlos dasjenige, was wir langsam sagen oder benennen, gleichzeitig, so wie es eben kommen will, verbildlichen, während das Kind zuschaut und zuhört.

Es handelt sich nur darum, daß wir durch unsere einfachen Bildandeutungen die Phantasie und damit die kosmischen Reminiszenzen des Kindes erwecken. Da aber, wo wir nicht selber gestalten, wird es sich darum handeln, aus der Fülle der angebotenen Bilderbücher diejenigen auszuwählen, die dem Vor-Märchenkind und unserem Tun mit ihm am nächsten kommen.

Aus der intimen gemeinsamen Beschäftigung mit dem kleinen Kinde entspringt, einer Blüte gleich, der Drang zur Nachahmung. Aus der Gemeinsamkeit aber erahnen wir auch die tiefen Gründe, aus denen der Nachahmungsdrang quillt. Aus einem immer neu zu entfachenden Erkenntnisprozeß wird der Erwachsene dahin streben, im Handeln, Denken und seiner ganzen Seelenhaltung nachahmenswert zu werden. Wir sollten uns darüber klar werden, daß sich das Nachahmungsgeschehen beim Kind nicht darin erschöpft, das Abgelauschte nach außen hin zur Erscheinung zu bringen. Das Kind baut aus dem Wesen seiner Umgebung nachahmend auch seinen leiblichen Organismus auf. Vieles, was sich in der Persönlichkeitsentfaltung der Individualität später als Hemmnis erweist, ist aus dem nachahmenden Tun des Kleinstkindes bis in den Organismus mitgestaltend eingeflossen. Aus dem Erkenntnisprozeß, der das Wesen des werdenden Menschen einschließt, erfließt die Einsicht in den Umfang der Verantwortung jedes Erziehers.

Persönliche Erfahrungen mit dem Bilderbuch

Mit zwei kleinen Bübchen, die uns oft, aber immer unerwartet mit ihrer Mutter besuchten, hatte ich viele vergnügliche Erlebnisse, besonders auf dem Gebiet des Bilderbuch-Schauens. Es war zur festen Gewohnheit geworden, daß sie jedesmal, wenn die Mutter mit ihnen hereinkam, sofort ein Bilderbuch aus dem Schrank holten und es mir auf das Knie legten. Dabei wurde, damit ich auch richtig verstehe, das vielbedeutende Wort: B u c h ! ausgesprochen. Das hieß soviel wie: »Dieses Buch sollst du mit uns anschauen!« So nahm ich dann die beiden auf den Schoß, auf jedes Knie einen, und es begann für uns drei das gemeinsame Anschauen des Buches. Dieser Prozeß hat seine verschiedenen Phasen bis zur Kindergartenzeit hin durchgemacht. Da konnte sich die Unterhaltung etwa so abspielen, daß ich bei einem Bilde langsam sagte: »Dies ist ein B a u e r, und dieser B a u e r gibt seinem P f e r d z u t r i n k e n... Seht mal, wie herrlich das Pferd trinkt: schluck, schluck, schluck... Und der Bauer legt die Hand auf die Schulter des Pferdes...« Nach diesen wenigen Worten ein stilles Anschauen des Bildes. Die Worte neigten sich schon ein wenig auf eine Erzählung hin, die sich ihren Weg zwischen den beiden Altersstufen suchte. Der größere Bub, der sich wohl schon etwas mehr in dieser Richtung gewünscht hätte, ergänzte sich das weitere in seiner reichen Phantasie, während der kleinere alles träumend in Laut und Bild aufnahm.

Das ging in dieser Weise lange Zeit gut. Einmal aber nahm das jüngere Kind das Umschlagen der Blätter selber in die Hand. Dabei schlug es sechs oder acht Seiten zugleich um. Da ich zu fühlen glaubte, was da los war, sagte ich ruhig einige einfache Worte zu dem zufällig aufgeschlagenen Bilde. Damit war das Kind offensichtlich sehr zufrieden und schlug dann, nach andächtigem Anschauen des Bildes, etwa vier Seiten zurück. Auch zu diesem Bild sagte ich etwas ganz Einfaches. So ging es jetzt weiter, als ob dies die normalste Art sei, ein Bilderbuch anzuschauen. – Was war passiert? Das jüngere Bübchen war von dem, was es selber auf den Bildern schaute so sehr gefesselt, daß es meine noch zu vielen Worte dabei nicht ertragen konnte. Da fand es diese überraschende Lösung, auf die ein Erwachsener kaum gekommen wäre. So brachte es dem Großvater gerade *die* Hilfe, die er brauchte, um sich in diesem Fall in höherem Maße auf das so intensiv erlebende jüngere Kind einzustellen. Damit gab sich nun auch das größere Brüderchen, dem das bißchen Dramatik sehr willkommen war, zufrieden.

45

Wenig später erfuhr ich, daß die beiden nun auch zu Hause auf diese originelle Weise zusammen Bilderbücher anschauten, indem der Jüngste nach seiner neuen Methode das Umschlagen der Blätter übernahm und der Größere bei jedem zufällig aufgeschlagenen Bilde seinen Kommentar gab.

*

Es wurde im vorangehenden Kapitel von dem Nachahmungstrieb des Kleinkindes gesprochen, der aus tiefen Untergründen wie eine Notwendigkeit heraufkommt. Wenn dann beim gemeinsamen Bilderbuchschauen das Kind von selber dazu kommt, Worte und kleine Gebärden wie träumend oft, manchmal auch lustig, mitzumachen, so sollten wir das als etwas Natürliches und Erfreuliches ansehen. Ist es doch ein Zeichen dafür, wie lebhaft das Kind aufnimmt, was ihm entgegenkommt.

Auch die beiden Bübchen haben mich beim Anschauen der Bilder regelmäßig, bald lustig, bald traumhaft, nachgeahmt. Wenn ich einmal etwas vom Bilde zu kommentieren vergaß, ergriff der Ältere meinen Zeigefinger und stellte ihn auf das Überschlagene, damit auch das gehörig an die Reihe käme und richtig nach Laut und Gebärde nachgeahmt werde. Die Kinder zeigten überdeutlich, wie alles, im besonderen das meist Bekannte, immer aufs neue vom Erwachsenen vorgesagt und vorgemacht werden mußte, und wie sie darin aufgingen, ihm dies dann nachzutun.

Es ist wunderbar, diese immer wiederholten kleinen Eintrittsvorgänge zu dem neuen Leben über Laut und Bild und Vorbild des Erwachsenen in die für das Kind stets unbegrenzt neue, und doch so inniglich vertraute Welt hinein mitzuerleben. Der Eintritt in die neue Welt wird auf diese Weise nicht einmalig, sondern immer wieder aufs neue gemacht. Mit ihren Erfahrungen geht die Seele des Kindes nachts in ihre kosmische Heimat zurück. In den Erfahrungen und Nachahmungen des nächsten Tages wird ein gleicher Schritt wiederum und wiederum gemacht.

Wir erleben einen immer erneuten Schwellenprozeß! Die Schwelle wird bald vorwärts, bald rückwärts überschritten. Innerlich geschieht dies manchmal sogar nach beiden Seiten zugleich.

Am deutlichsten erlebt man diesen doppelseitigen Prozeß an den Augen, die gleichsam zugleich nach außen und nach innen schauen. Man erlebt, wie sich die Seele gleichzeitig nach vorne und rückwärts über die innere Schwelle des Daseins träumt; wie sie sich gleichzeitig in der neuen Umwelt und in ihrer kosmischen Heimat erlebt, und wie sie traumhaft die eine in der anderen wiederfindet.

Im Hinblick auf die Wirkung der vielen Wiederholungen war es erfreulich wahrzunehmen, wie von den beiden Buben fast immer dieselben Bücher aus dem Schrank hervorgeholt wurden. Nur selten geschah es, daß ich ein anderes Buch auf das Knie gelegt bekam. Im inneren Einstellen darauf war es dann aber möglich, Geeignetes zum Anschauen auszuwählen und die innere Aufmerksamkeit der Buben zu erschließen.

Einmal aber wurde mir ein recht eigenartiges Bilderbuch vorgelegt. Ich bekam eine Biographie Rudolf Steiners auf den Schoß. »Buch!« lautete dabei wieder die nicht mißzuverstehende Forderung des Jüngsten. Ich hatte gar nicht Zeit, in Verlegenheit zu geraten, denn das ältere Brüderchen fing sofort mit seinem Kommentar an, indem es auf den mit hellen Farben ausgestatteten Einband zeigte: »Ch – ch – ot... j j o r a n g e !« lautete es aus seinem Munde. Als wir dann das Buch aufschlugen, zeigte sich eine Abbildung des ersten Goetheanums. »Dies ist«, sagte ich, wieder nach einer Weile stillen Anschauens, »H h a u s, ein ganz großes H h a u s !... Und hier geht man die T r e p p e zum Hause hinauf: stapf, stapf, stapf... dann kommt man in einen R a u m, in einen großen R r r a u m m«...

So ging es weiter. Dabei soll noch einmal daran erinnert werden, daß die Begriffe »Haus«, »Treppe«, »Raum«, die hier dem Zuschauer sichtbar entgegenkamen, auch im geistigen Sinne tiefe Urbilder darstellen, die in diesem frühen Alter traumhaft, dadurch aber um so direkter, noch als solche erlebt werden. Dann kam ein Bildnis Rudolf Steiners, das ihn als jungen Mann darstellte. »Dies ist ein M m e n s c h ...« sagte ich. »M m e n s c h ...« wurde mir nachgestammelt.

Am Ende waren die Kinder tief befriedigt, und ich hatte das Gefühl, ein für dieses Alter besonders geeignetes Bilderbuch mit ihnen angeschaut zu haben.

*Die Sprache als Scheidewand und Bindeglied
zwischen Mensch und Welt*

Begriffe wie Haus, Raum, Treppe, sprechen das kleine Kind unmittelbar in seinen Seelenerlebnissen an. Zum andern aber konnten wir erfahren, wie etwa das Wasser dem kindlichen Gemüt das Wogen und Strömen des eigenen inneren Lebens verdolmetschen kann, wie ihm die Schüssel oder Schale die Offenheit der Seele, der Schrank ihr Geschlossensein signalisiert.

Während die Dinge der Umwelt dem Kinde ihre Geheimnisse anvertrauen, ist mit der menschlichen Sprache noch etwas anderes verbunden. Das Sprechen der Menschen miteinander wird dem kleinen Kinde zum irdischen Abbild kosmisch-geistigen Sichverstehens der es vorgeburtlich umgebenden Himmelsbewohner. Im Gespräch mit dem Kinde müssen die Sprachlaute, in denen Urelemente von Mensch und Welt anklingen, das Kind tief beeindrucken. Sie werden als solche, gleich den anderen Dingen der Umwelt von ihm innerlich »wiedererkannt«. Was der Erwachsene dem Kleinkind äußerlich-sachlich sagen will, ist ihm zunächst völlig fremd. Erst mit zunehmendem Alter findet es ein Verhältnis dafür.

So erweist sich das gesprochene Wort im Gegensatz zu den bildlichen Offenbarungen der (elementaren) Umweltdinge, die wegen ihrer Ursprünglichkeit unmittelbar zu ihm sprechen, dem Kind als fremdes Element.

Erlebt das kleine Kind etwa den Gebrauch einer Kanne, ihre Möglichkeit, etwas (hier die Flüssigkeit) zu empfangen, um es dann in selbstloser Weise wieder zu verschenken, dann verbinden sich mit dem Bild der Kanne urbildhaft menschliche seelische und geistige Eigenschaften. Aus dem Gebiet dieses Wesenhaften taucht die Menschenseele in das Erdenleben ein. Mit dem gesprochenen Wort »Kanne« aber fängt das Kind gar nichts an. Wortbegriff und Wesen des Dinges sind weit auseinandergerückt.

In einer ganzen Reihe von Worten in unserer Sprache drückt sich in ihrer Lautgebärde noch ihr Wesen und Sein aus. Wir lernten derartige Wörter kennen in: sprühen, gießen, Wasser, strömen, brausen, rauschen, Baum, Luft, Wind. Es werden sich dem Leser noch zahlreiche andere im Nachdenken dazugesellen. Über die Brücke dieser und ähnlicher Wörter, wird der Erzieher das kleine Kind in richtiger Weise an die Sprache der Erwachsenen heranführen.

Es wird zur verantwortungsvollen Aufgabe, diesen Prozeß in seiner Unvermeidbarkeit und Notwendigkeit sich ohne Übereilung in gesunder und fruchtbarer Weise vollziehen zu lassen. Dabei spielen die erwähnten Lautliedchen und Ammenreime eine wichtige Rolle. Sie bewahren das Kind vor dem zu schnellen Erfassen von Wortbedeutung und Logik in der Umgangssprache der Erwachsenen. Im spielerischen Umgehen mit dem tiefen Wesen der Phantasie wächst das kleine Kind in gesunder Weise in die Welt der irdischen Gestaltung hinein.

Diese Liedchen und Reime sind wie kindliche »Lautsakramente«, die das Kind, dessen Religion ja die Erde ist, in einem weiteren frühesten Kultus dem Neuen, Ungewohnten entgegenleiten.

Vom Übergang zum Märchen

Ist das Kind vier Jahre alt geworden, so daß es ruhig und unbefangen Umwelterlebnisse aufnimmt, kann man Schritt für Schritt über die ersten kleinen Erzählungen hinaus dazu übergehen, Märchen zu erzählen. Es ist völlig unverständlich, wie man heute der Ansicht sein kann, daß die Erzählung von Märchen dem Kinde schädlich sei, weil man dem Kinde nur »die reine Wahrheit« bringen dürfe. Diese Haltung geht aus einem Unverständnis gegenüber den Märchen hervor. Jede Mär ist Kunde aus sehr realen Seelen- und Geisteslandschaften, aus Entwicklungs-Gesetzmäßigkeiten und Begebenheiten, die jeder Mensch in der Kindheit erneut zu durchleben hat.

Wir mußten für das Vor-Märchenkind das Märchenerzählen ablehnen, um sein noch kosmisches Erleben sich ungestört bis in jene Lebensphase hinein entwickeln zu lassen, in der das Kind fähig wird, die zusammenhängenden Bildgestaltungen des Märchens aufzunehmen. Märchen, zur rechten Zeit erzählt, sind seelische Gesundbrunnen für das Kind. Da setzen sich die kosmischen Umwelterlebnisse des Kindes in realer Weise fort. Harmonisch wird es an das Neue der irdischen Welt herangeführt. Das Kind sehnt sich danach, seine Schritte in das Neue, Zukünftige hinein zu tun. In dieser Sehnsucht kommen ihm die Märchen auf ihre ansprechende Weise entgegen, indem sie aus kosmischen Urquellen heraus und durch irdische Verwicklungen hindurch Zukunftsperspektiven schildern.

Das kleine Kind erlebt (auch noch im Märchenalter!) in seiner Umwelt fortwährend die Genesis der Welt und seiner eigenen Individualität. Die Märchen schildern in ihren Bildern die vom Menschen zu durchschreitenden Prüfungen. Sie weisen auf den Weg, an dessen Ende sich der Mensch in seinem Selbst findet und fähig wird, mitzugestalten am Werdegang der Menschheit.

Vielleicht können wir zusammenfassend sagen: Die Umwelt spricht in ihren guten Erscheinungen die richtige »Inkarnations-Bildersprache« zum Vor-

Märchenkinde. Das Märchen bringt dem nächsten Alter die wegweisenden Bilder für das zu durchschreitende Leben, und für die Zukunft der Menschheit entgegen.

Spiel und Spielzeug der größeren Geschwister

Wie es sich für das Kind im Vor-Märchenalter ungünstig auswirkt, wenn man ihm Märchen erzählt, so ist es schädigend für dieses Alter, wenn man ihm Spielzeug in die Hand gibt, das für größere Kinder bestimmt ist. Hört das gleiche Kind jedoch »wie aus der Ferne« noch träumend zu, wenn dem größeren Kind ein Märchen erzählt wird, so fühlt es sich in eine Gesamtatmosphäre eingehüllt, die alles Schädliche von ihm fernhält. Ähnlich verhält es sich bei Spiel und Spielzeug. Spielzeuge, die für das kleinere Kind noch nicht anstellig wären und Spiele, die es selbst noch nicht spielen kann, können eine gute Wirkung ausüben, wenn sie bei den größeren Geschwistern wahrgenommen werden. Das ist auch noch der Fall, wenn das Kleinkind selber auf seine traumhafte Weise ein wenig damit in Berührung kommt.

Denken wir an die primitiv geformte Wollpuppe, die vom zweijährigen Mädchen bei der ersten Begegnung strahlend wie eine altbekannte Freundin innig ans Herz gedrückt wurde.

Ein älteres Kind reagiert anders. Meist wünscht es sich eine mehr ausgeformte Puppe. Diese wird liebevoll versorgt, wie es eine Mutter mit ihrem Kind tut. Zu diesem Spiel ist das kleinere Kind noch nicht fähig. Würde man es von ihm verlangen, so ginge dies auf Kosten seines elementaren direkten Erlebens des Menschenbildes. Das immer erneute Erleben des Menschenbildes aber ist für das Kleinkind lebensnotwendig. Sieht dieses Kind nun die größere Schwester ihr Puppenkind versorgen, so wird ihm dieses Spiel wie ein Traum entgegenkommen. Dieser Traum wird in ihm schlummern, bis er in der nächsten Altersphase zur Spielwirklichkeit wird.

Ein anderes Spielzeug ist der Wagen. Der Junge im Spielalter kann mit einem Auto, einer Lokomotive, einem Feuerwehrwagen, den Chauffeur, den Maschinisten oder den Feuerwehrmann spielen. Wollten wir das kleinere Kind in gleicher Weise spielen lassen, so würden wir übersehen, was es noch am Wagen als solchem erlebt. Dieses Kind geht noch auf im Rollen der Räder, in der Bewegung des Wagens, in seinem Vor und Zurück. Der Erwachsene hat sein Verhältnis dazu verloren. Das kleine Kind aber empfindet noch das Wunder nach, das eine alte Menschheit erlebte, als das Rad erfunden wurde.

Wie bei der Puppe, wird das kleinere Kind auch hier, wo es das Größere mit diesen Dingen spielen sieht, nur unbefangen eigene Erlebnisse haben. Nur ins Unterbewußte wird das Spiel der größeren Geschwister aufgenommen. Später erst taucht es wieder empor und wird zeitgemäß selbstverständliches Tun.

Deshalb ist es auch unbedenklich, wenn die Spielsachen des größeren Kindes mal im Zimmer zurückbleiben. Wenn es sich nicht um technische Dinge handelt, wird das kleine Kind seine eigenen guten Erlebnisse daran haben.

Das offenbare Geheimnis der Mutter Erde

In zweifacher Weise trat uns das Erlebnisfeld der zur Erde herniederkommenden Kinder entgegen: in den Umwelterlebnissen des Vor-Märchenkindes und den Verheißungen der Märchen bei dem etwas älteren Kind. Die einen Erfahrungen lenken die Seele mit ihrem kosmischen Inhalt zu ihrem neuen, irdischen Wohnbereich hin. Das Märchen aber verspricht der Seele die Möglichkeit, sich nach überstandenen Prüfungen wieder ihrer eigenen Heimat zuzuwenden.

Im »Zweiweltensein« des Kindes, der »Schwellenphase«, erbildet sich traumhaft eine tiefe Verbindung zwischen Kosmos und Erdenwelt. Sie strahlt Gesundung bis ins Erwachsenen-Dasein und kann dann dazu beitragen, den lebendigen Geist im irdischen Sein wiederzufinden. Wiederum werden die Wahrbilder der Märchen, wie sie als Same in die Herzen der Kinder fallen, dazu beitragen, die Wirklichkeit des Geistes anerkennen und ergreifen zu können.

Klar und deutlich steht somit jedem Erzieher seine Aufgabe vor Augen, wenn es darum geht, dem Kindergarten-Kind die Volksmärchen in rechter Weise nahezubringen, oder ihm das seinem Alter gemäße Spielzeug in die Hand zu geben. In gleicher Weise sollte jeder Erziehende um die Verantwortung gegenüber dem Vor-Kindergarten-Kind wissen, das seinen inneren Zugang zur Erdenwelt sucht. Alles, was dem Kind dieses Alters auf seinem traumvollen Weg zum Ergreifen der Erdendinge mitgegeben wird, ist Geisteshaltekraft fürs Leben. Wo der Erwachsene die »Traumgeheimnisse« des Schwellenkindes erahnt, wird ihm die Kraft zuwachsen, seine Umwelt gesund zu gestalten und zu erhalten.

Das Geheimnis, wie sich der Geist in der Erdenwelt verkörpert hat, um einst im Menschen wieder aufzuerstehen, ist das große offenbare Geheimnis der Mutter Erde. Von ihm erfährt das Vormärchenkind träumenden Sinnes. Helfen wir ihm, »aus Erkenntnis handelnd«, erdtüchtig aus seinem Traum zu erwachen!